Willi Darr

Grundfragen des Einkaufsmanagements

D1670224

Vorwort

Der Einkauf bzw. das Einkaufsmanagement in Unternehmen hat in den letzten Jahren einen deutlichen Bedeutungsschub erhalten. Die zunehmende Fremdvergabe von Leistungen an Lieferanten und die gleichzeitige Beauftragung internationaler Lieferanten haben die Aufgaben und das Berufsbild der Einkäufer hinsichtlich ihres Beitrages zur unternehmerischen Wertschöpfung verändert. Ohne Einkaufsmanagement sind unternehmerische Strategien und die Erreichung nachhaltiger Wettbewerbsvorteile nicht mehr zu erzielen. Der Einkauf ist ein zentraler Erfolgsfaktor im Unternehmen geworden.

Damit bilden die Kenntnisse des Einkaufsmanagements und die Fähigkeiten der Einkäufer eine wesentliche Säule für unternehmerische Entscheidungen und Strategien. Die Kenntnisse der Grundzusammenhänge des Einkaufsmanagements werden und sind selbstverständlicher Teil jeder Aus- und Weiterbildung. Dieses Buch leistet einen grundlegenden Beitrag, indem es die zentralen Elemente und Zusammenhänge aufzeigt und erläutert. Es ist für den Einstieg in das Einkaufsmanagement geeignet und damit eine hilfreiche Lektüre für Studenten und Praktiker.

Jedem Leser wünsche ich viel Spaß beim Lesen und hilfreiche Einblicke in seine eigene konzeptionelle Gedankenwelt.

Willi Darr

Hardcover   ISBN 978-3-7345-8717-7

Paperback   ISBN 978-3-7345-8716-0

e-Book   ISBN 978-3-7345-8718-4

Bibliografische Information der Deutschen Nationalbibliothek

Die Deutsche Nationalbibliothek verzeichnet diese Publikation in der Deutschen Nationalbibliografie; detaillierte bibliografische Daten sind im Internet über http://dnb.dnb.de abrufbar.

Herstellung und Verlag:

tredition GmbH, Hamburg

Inhaltsverzeichnis

Tabellenverzeichnis

Abbildungsverzeichnis

1. Grundlagen

a. Der Begriff Einkauf

Der Begriff **Einkauf** ist im alltäglichen Leben der Konsumenten, in Unternehmen und in der Literatur weit verbreitet und geläufig. Alternative Begriffe sind zum Beispiel Beschaffung oder (Nach-) Versorgung. In der englischen Literatur sind die Begriffe Purchasing, Procurement oder Supply gebräuchlich. Im Folgenden werden diese Begriffe synonym verwendet. Der Einkauf ist definiert als die Gesamtheit der Tätigkeiten, um dem Unternehmen die benötigten, aber nicht selbst erstellten Güter zur Verfügung zu stellen (Arnold, 1997, S. 3, Large, 2011, S. 2. Eine breitere Diskussion hierzu führen van Weele/Eßig, 2017, S. 20 ff.).

Der fast grenzenlose Einsatz dieser Begriffe hängt mit dem Aufbau der Lieferketten zusammen. Eine Lieferkette beschreibt den Weg der einzelnen Güter vom Rohstoff bis zum Endprodukt. Die **Lieferkette** ist durch eine Vielzahl an Arbeitsschritten und in der Regel eine Vielzahl an tätigen Unternehmen gekennzeichnet. Aus der Sicht eines Unternehmens werden jeweils die spezifischen Fertigungsschritte vorgenommen und die vorgelagerten Fertigungsschritte (Vorprodukte) von Lieferanten bezogen. Die komplette Lieferkette setzt sich somit zusammen aus einer Vielzahl von Einkaufs- und Fertigungsprozessen. Der Produktionsanteil eines Unternehmens an der kompletten Lieferkette wird als **Fertigungstiefe** bezeichnet. Diese wird durch den prozentualen Anteil der Fertigungskosten an den Gesamtkosten des Produktes gemessen. Der Anteil, den ein Unternehmen einkauft, wird demzufolge als **Einkaufstiefe** bezeichnet. Diese wird durch den prozentualen Anteil der Einkaufskosten an den Gesamtkosten des Produktes gemessen. Bezogen auf ein Unternehmen ist die Summe aus Fertigungstiefe und Einkaufstiefe definitorisch immer 100 %. Mit der Wahl der eigenen Fertigung (Make) oder des Fremdbezugs von Vorleistungen (Buy) wird die Fertigungs- bzw. Einkaufstiefe festgelegt. Die heutige Zeit ist durch ein hohes Ausmaß an Arbeitsteiligkeit gekennzeichnet. Demzufolge ist die Einkaufstiefe (nicht nur im Handel) mehrheitlich deutlich größer als die Fertigungstiefe. Im Statistischen Jahrbuch der Bundesrepublik

Deutschland der Jahre 1994 bis 2016 werden die zugekauften Leistungen bezogen auf die Gesamtleistung ausgewiesen. Sie sind in diesen Jahren immer gestiegen und liegen durchweg oberhalb von 50 %. Einen Spitzenwert hierbei nimmt der globale Fahrzeugbau mit 82 % ein (Statista, 2016).

Der Einkauf ist eine **Funktion** innerhalb des Unternehmens. Die weiteren Funktionen der Lieferkette eines Unternehmens (Produktion und Vertrieb) beschreiben zusammen mit dem Einkauf die notwendigen Tätigkeiten, um Produkte an Kunden anbieten und verkaufen zu können. Der Einkauf ist angesichts der Arbeitsteiligkeit eine notwendige Funktion innerhalb eines Unternehmens. Der Einkauf hat zwei natürliche „Nachbarn":

- den Vertrieb des Lieferanten und
- die Produktion des eigenen Unternehmens.

Der Einkauf beschafft die nicht selbst erstellten Produkte von den Lieferanten. Der Einkauf vergleicht hierzu die Angebote der Lieferanten, verhandelt die Einzelheiten mit den Lieferanten und schließt Verträge mit diesen ab. Den Bedarf an zu beschaffenden Gütern erhält der Einkauf von der Produktion. Der Produktionsplan bildet damit eine wesentliche Grundlage für den qualitativen und quantitativen Bedarf des Einkaufs. Dieser basiert auf dem Primärbedarf des Unternehmens und wird über die Stückliste in den Sekundärbedarf heruntergebrochen. Im Abgleich mit den Lagerbeständen werden aus den Brutto-Sekundärbedarfen Netto-Werte der Produktion und der Beschaffung bestimmt.

Zwischen dem einkaufenden Unternehmen und dem verkaufenden Unternehmen (Lieferant) bestehen immer **Spannungsfelder**:

- materielles Spannungsfeld
- finanzielles Spannungsfeld
- räumliches Spannungsfeld
- zeitliches Spannungsfeld
- informatorisches Spannungsfeld
- rechtliches Spannungsfeld.

Das materielle Spannungsfeld beschreibt den Sachverhalt, dass der Lieferant die Fähigkeit hat, die Vorprodukte zu erstellen bzw. der Lieferant die Vorprodukte vorrätig hat. Im finanziellen Spannungsfeld kommt der Zielkonflikt zum Ausdruck, dass der Lieferant einen hohen Verkaufspreis und der Einkauf einen geringen Einkaufspreis anstrebt. Das räumliche Spannungsfeld beschreibt die unterschiedlichen Orte von Lieferant und Einkauf. Dieses Spannungsfeld hat angesichts der Globalisierung eine hohe Bedeutung erhalten. Das zeitliche Spannungsfeld bringt zum Ausdruck, dass die idealen Fertigungszeiten des Lieferanten und die idealen Bedarfszeiten des Einkaufs divergieren. Das informatorische Spannungsfeld basiert auf den unterschiedlichen Informationen, die dem Einkauf bzw. dem Lieferanten zur Verfügung stehen. Im rechtlichen Spannungsfeld kommen die unterschiedlichen Rechte und Pflichten von Lieferant und Einkauf zum Ausdruck.

Trotz der oben genannten Spannungsfelder ist die Arbeitsteiligkeit in den weltweiten Lieferketten ein aktuelles Thema, und trotz dieser Spannungsfelder nimmt die Arbeitsteiligkeit stetig zu. Unternehmen, die die nahezu komplette Lieferkette in eigener Regie produzieren, sind kaum noch zu finden. So weist das Statistische Bundesamt im statistischen Mittel für Deutschland eine mehr als 50 %-ige Einkaufstiefe auf; im Fahrzeugbau ist die geringste Fertigungstiefe und demzufolge die höchste Einkaufstiefe vorzufinden (siehe auch Large, 2011, S. 3, van Weele, 2014, S. 12)

b. Einkaufsobjekte

Die Universalität des Einkaufens drückt sich auch in der Universalität der Einkaufsobjekte aus. Es kann im Grunde jede Form von Produkt oder Dienstleistung eingekauft werden. Die Möglichkeiten, die Einkaufsgüter zu klassifizieren, sind demzufolge vielfältig (siehe Large, 2009, S. 7 ff., van Weele, 2014, S. 15 oder van Weele/Eßig, 2017, S. 31 ff.).

Eine **erste** Einteilung erfolgt in die Kategorien:

- Produktionsmaterial
- Nicht-Produktionsmaterial

- Investitionsgüter

- Dienstleistungen

- Handelswaren

Hierbei werden die notwendigen Faktoren Finanzen und Arbeitsleistung (Personal) nicht als Einkaufsobjekte diskutiert. Als Beispiele für Nicht-Produktionsmaterialien lassen sich die Ausstattung für die IT (Computer, Telekommunikation), das Marketing (Agenturleistungen, Werbemittel), die Logistik (Kurierdienste, Paketdienste, Flurförderfahrzeuge), die allgemeinen Dienstleistungen eines Unternehmens (Fuhrpark, Versicherungen, Kantine) oder das Facility Management (Heizung, Reinigung, Energie) nennen. Die Produktionsmaterialien hingegen gehen – im Gegensatz zu Investitionsgütern - direkt in das zu fertigende Endprodukt ein. Dienstleistungen sind nicht-materielle Leistungen. Hierzu zählen beispielsweise Beratungen zur Produktion oder Zertifikate, die als Grundlage der Produktion dienen. Handelswaren sind beschaffte Güter, die ohne weitere Be-/Verarbeitung weiter an die Kunden des einkaufenden Unternehmens angeboten/verkauft werden.

Eine **zweite** Einteilung unterscheidet hinsichtlich der alternativen Lieferkettenstrukturen. Folgende drei Strukturen sind zu nennen:

- Make to Stock (MTS),

- Assemble to Order (ATO) und

- Make to Order (MTO).

In der Lieferkettenstruktur wird die Lieferkette in einen prognosebasierten Teil und einen kundenauftragsbezogenen Teil getrennt. Die Trennung der beiden Teile wird als Order Penetration Point (OPP) bezeichnet. Im Falle des Make to Stock sind die Güter komplett prognosebasiert erstellt und der Einkauf beschafft diese schon fertig erstellten Güter. Beim Assemble to Order erfolgt die konkrete Wahl des einzukaufenden Gutes auf der Grundlage der Kombination prognosebasierter Einzelteile. Beim Make to Order erfolgt die konkrete Wahl des einzukaufenden Gutes durch die kundenauftragsbezogene Festlegung der Komponenten des Beschaffungsgutes.

Eine **dritte** Einteilung unterscheidet hinsichtlich der Fertigungsorganisation und der Stückzahl in einer Fertigung:

- Einzelfertigung
- Serienfertigung
- Massenfertigung

Die zu beschaffenden Güter können in der Stückzahl 1 (Einzelfertigung), in sehr hoher Stückzahl (Massenfertigung oder in einer mittleren Stückzahl (Serienfertigung) vom Lieferanten erstellt werden. Damit werden die Einkaufskosten und die Lieferzeit unmittelbar beeinflusst.

c. Einkaufsprozess

Der Einkaufsprozess ist Teil des Wertschöpfungsprozesses des Unternehmens und beschreibt die einzelnen Schritte von der Willensbildung der Einkaufsaufträge bis zur Übergabe der beschafften Güter an die Fertigung, d. h. den internen Nachbarn. Die Gesamtheit aller Prozessschritte von der Willensbildung des Einkäufers bis zum Erhalt der Beschaffungsgüter wird als **Auftragszyklus** bezeichnet. Er umfasst die informatorischen Prozesse beim Einkauf und bei den Lieferanten und die logistischen Prozesse vom Lieferanten bis zum einkaufenden Unternehmen (Darr, 1992, S. 14, van Weele, 2014, S. 28 ff.). Insgesamt lassen sich im Auftragszyklus folgende Teilschritte unterscheiden (hier für Make to Stock):

1. Bedarfsfeststellung
2. Auftragsbildung
3. Lieferantensuche
4. Lieferantenauswahl
5. Auftragsübermittlung
6. Auftragsbearbeitung
7. Kommissionierung
8. Verpackung
9. Transport zum Kunden

10. Warenübergabe an den Kunden

11. Rechnungserstellung

12. Rechnungsbegleichung

Die Schritte 1-5 sind die klassischen Schritte der Einkaufstätigkeiten. Die Schritte 6-10 sind die klassischen Arbeitsschritte der Lieferanten. Die Schritte 11 und 12 beziehen sich auf den finanziellen Ausgleich der Kundenbestellung. Diese Schritte werden für sämtliche Einkaufsaktionen zwischen dem bestellenden Unternehmen und dem liefernden Unternehmen durchlaufen.

Für den Fall der Bestellungen von Endkunden (in der Regel im Handel) unterscheiden sich diese Prozesse beispielsweise für den stationären Handel und für die E-Commerce Bestellung. Für den Fall der industriellen bzw. gewerblichen Kundenbestellungen unterscheiden sich diese Prozesse für die Einzelfallbestellung, die Kanban Nachschubsteuerung, die Just-in-Time Nachschubsteuerung oder die klassische Lagerbestellung. Ferner ist es möglich, dass einzelne Prozessschritte nicht durch den Einkauf, sondern durch den Lieferanten durchgeführt werden. Auf der anderen Seite ist es auch möglich, dass einzelne Prozessschritte nicht durch den Lieferanten, sondern durch das einkaufende Unternehmen ausgeführt werden. Diese Facetten werden im späteren Verlauf diskutiert werden.

d. Einkaufsmanagement

Das Einkaufsmanagement umfasst die Planung, Steuerung und Kontrolle aller Maßnahmen, um dem einkaufenden Unternehmen die benötigten Güter (das benötigte Produktionsmaterial, die Betriebsstoffe, die Investitionsgüter, die Dienstleistungen und Handelswaren) in geeigneter Form rechtlich und faktisch verfügbar zu machen. Das Einkaufsmanagement ist Teil des Unternehmensmanagements und ist mit diesen anderen Bereichen abzustimmen. Es wird nun in drei Hauptaufgaben unterteilt:

- Lieferantenmanagement: **Bei wem** werden diese externen Leistungen bezogen?

6

- Materialmanagement: **Was** und **wieviel** werden an externen Leistungen bezogen?

- Management der Einkaufsorganisation (Beschaffungsorganisation): **Wer** organisiert den externen Leistungsbezug?

Durch diese Dreiteilung lassen sich diese Aufgaben im Einzelnen klar beschreiben. Es ist offenkundig, dass auch diese drei Aufgaben interdependent sind und demzufolge aufeinander abzustimmen sind.

Das **Lieferantenmanagement** richtet alle Fragen auf den Bezugspartner der externen Leistungen aus. Hierzu zählen unter anderem die Informationsbeschaffung über potentielle Lieferanten (Marktforschung), die Auswahl und die Bewertung der Lieferanten, der Aufbau und die Pflege der Beziehungen zu den Lieferanten, die Ausgestaltung der Verhandlungsführung, das Management des Risikos, das von den Lieferanten ausgeht, und die Sicherstellung des Compliance zu und mit den Lieferanten.

Das **Materialmanagement** bezieht sich auf alle Fragen, die Beschaffungsgüter betreffen. Hierzu zählen unter anderem die Festlegung der zu beschaffenden Güter (Make or Buy), die Festlegung der Beschaffungsmengen, das Niveau des Lieferservice der beschafften Güter und die Produktzusammenführungen (zum Beispiel die Sortimente im Handel).

Das **Management der Beschaffungsorganisation** betrachtet den Einkauf als organisatorische Einheit. Hierzu zählt unter anderem der Aufbau der Einkaufsorganisation, die Anforderungen an die Mitarbeiter im Einkauf, die benutzten Planungs- und Steuerungssysteme des Einkaufs und die Kooperationsformen des Einkaufs mit anderen Organisationseinheiten in der Lieferkette.

Sämtliche Aufgaben des Managements lassen sich immer in ein strategisches Management und in ein operatives Management unterteilen:

Das **strategische Einkaufsmanagement** (Einkaufsstruktur) umfasst die Planung, Steuerung und Kontrolle der Lieferantennetzwerke, der Strukturmerkmale der beschafften Güter bzw. Dienstleistungen und die Struktur der Einkaufsorganisation. Auf der Grundlage der hier getroffenen Entscheidungen kann dann das **operative Einkaufsmanagement** mit dem

7

Management der Einkaufsprozesse erfolgen. Dies umfasst die Planung, Steuerung und Kontrolle der Prozesse zu den Lieferanten, die konkreten Mengen- und Lieferserviceentscheidungen zu einzelnen Aufträgen und die Prozesse in der Beschaffungsorganisation. Demzufolge lassen sich insgesamt **sechs Hauptaufgaben des Einkaufsmanagements** unterscheiden: Lieferantenstrategie, Materialstrategie, Strategie der Beschaffungsorganisation, Lieferantenprozesse, Materialwirtschaftsprozesse und Prozesse der Beschaffungsorganisation. Dies ist in Tabelle 1.1 dargestellt.

Aufgaben des Einkaufsmanagements		
Strategisches Lieferanten- management (Lieferantenstruktur)	Strategisches Materialmanagement (Materialstruktur)	Strategisches Management der Einkaufsorganisation (Struktur der Einkaufsorganisation)
Operatives Lieferanten- management (Lieferantenprozesse)	Operatives Materialmanagement (Materialprozesse)	Operatives Management der Einkaufsorganisation (Prozesse der Ein- kaufsorganisation)

Tabelle 1.1: Übersicht der Aufgaben des Einkaufsmanagements

Die Abstimmung der einzelnen Aufgaben des Einkaufsmanagements ist offenkundig. So beeinflusst die Auswahl der Lieferanten auch die Frage der Materialwirtschaft. Und durch diese Auswahl werden Eckdaten für die Einkaufsorganisation festgelegt. Je nach Ausprägung der Einkaufsorganisation lassen sich andere Lieferantenentscheidungen treffen. So ermöglicht eine international ausgerichtete Organisation auch die Aufnahme globaler Lieferanten.

e. Ziele des Einkaufs

Die Ziele eines Unternehmens sind ein wichtiger Bestandteil im Managementprozess. Ziele stellen Bewertungskriterien eines Unternehmens dar und bringen zum Ausdruck, in welcher Form bestimmte Planungen zu erreichen sind. Die Festlegung, die Steuerung und die Kontrolle der Zielerreichung sollten in allen Teilen des Unternehmens erfolgen. Die Ziele bilden die Grundlage des zukünftigen Verhaltens (Verhaltensorientierung). Damit ist es möglich, die Einkaufshandlungen zu koordinieren (Abstimmungsorientierung) und die einzelnen Planungen besser aufeinander abzustimmen. Ziele gelten auch als die Grundbedingung für die Kontrolle (Kontrollorientierung) und sie stellen die Grundlage für die Rechenschaftslegung dar (Large, 2009, S. 45 ff.).

Ein Ziel besteht aus mindestens **vier Bestandteilen**:

- dem Zielinhalt (zum Beispiel Verkürzung der Lieferzeit)
- der Operationalisierung/das Messkriterium (zum Beispiel in Tagen bzw. Stunden)
- dem Zielausmaß (zum Beispiel um zwei Tage)
- dem Zeitbezug (zum Beispiel innerhalb der nächsten sechs Monate)

Werden nicht alle vier Bestandteile eines Ziels vollständig beschrieben, so ist der Managementprozess nicht sichergestellt. Fehlt beispielsweise der Zeitbezug, so könnte das Ziel auch am St. Nimmerleinstag erfüllt werden. Oder wenn das Messkriterium bzw. das Zielausmaß fehlt, so wird die Verbesserung des Ziels nicht deutlich. Notwendige Verhandlungen mit Lieferanten oder vorzunehmende Investitionen können dann nicht präzise festgelegt werden. Im Folgenden werden die Ziele des Einkaufs näher erläutert.

Es findet sich in der Literatur folgendes weit verbreitetes Ziel des Einkaufs: „die richtige Ware, zur richtigen Zeit, in der richtigen Qualität, zum richtigen Preis, etc." Diese Zieldiskussion ist kritisch zu hinterfragen (siehe auch Lysons/Farrington, 2012, S. 6):

- Es wird nicht deutlich, ob „die richtige Ware <u>oder</u> der richtige Preis" bzw. „die richtige Ware <u>und</u> der richtige Preis" gemeint sind. Die Konsequenzen hieraus werden interessanterweise nie thematisiert.

- Es wird nie spezifiziert, <u>was</u> „richtig" eigentlich bedeutet und <u>wer</u> diese Anforderungen definiert.

- Es wird ferner nicht erläutert, ob es eine bessere Möglichkeit der Beschaffung gibt als das genannte „richtig". Insofern ist ein derart bezeichneter Einkauf auf die Bearbeitung zuvor definierter Einkaufsaufträge reduziert. Der andere Teil des Einkaufs, der die Entscheidungen der Aufträge trifft, wird nie angesprochen. Zeitlich wäre diese Definition den 50er/60er Jahren zuzuordnen.

- Besonders kritisch ist die passive Rolle des Einkaufs zu bewerten, da angesichts der Einkaufstiefe, der Hebelwirkung und ggfs. der strategischen Bedeutung des Einkaufs die Chancen zur Steigerung der Wettbewerbsfähigkeit des Unternehmens deutlich eingeschränkt sind und die wahren Herausforderungen des Unternehmens nicht in der präzisen Erfüllung von Auftragsbearbeitung liegen, sondern in der strategischen Ausrichtung der Unternehmensführung (van Weele, 2014, S. 152 ff., Large, 2009, S. 29 ff.).

An **Zielobjekten** lassen sich gemäß der Gliederung des Einkaufsmanagements folgende für den Einkauf unterscheiden:

- die Ziele zu den Lieferanten (mit den drei möglichen Ebenen: Ziele zur Gesamtheit aller Lieferanten oder Ziele zu einzelnen Lieferantengruppen oder Ziele für einen Lieferanten)

- die Ziele zu den Einkaufsobjekten (mit den drei möglichen Ebenen: Ziele zu allen Einkaufsgütern oder Ziele zu einer Gruppe an Einkaufsgütern oder ein Ziel für ein einzelnes Einkaufsgut)

- die Ziele zur Organisation des Einkaufs (mit den drei möglichen Ebenen: Ziele zum kompletten Funktionsbereich des Einkaufs oder Ziele zu einzelnen Einkaufsabteilungen oder Ziele für einzelne Einkaufsmitarbeiter)

An **Zielinhalten** (Zieldimension) lassen sich nun verschiedene Ziele eines Unternehmens bzw. des Einkaufs unterscheiden:

- Erlösziele
- Kostenziele
- Lieferserviceziele
- Finanzziele
- Qualitätsziele
- Nachhaltigkeitsziele
- Risikoziele

Die Erlösziele beziehen sich auf den Abverkauf der eingekauften Güter für das einkaufende Unternehmen. Als Beispiel lässt sich der Abverkauf von Handelsware anführen. Das Kostenziel ist das klassische Ziel des Einkaufs und deshalb wird im weiteren Verlauf hierauf noch genauer eingegangen werden. Die Ziele des Lieferservice beziehen sich auf die Lieferzeit, die Liefergenauigkeit, den Lieferzustand und die Lieferflexibilität. Die Finanzziele drücken sich in der Kapitalbindung der Einkaufsgüter und im Liquiditätsbedarf des Unternehmens aus. Die Ziele der Qualität beschreiben die Einhaltung der zugesagten Eigenschaften, die Haltbarkeit der beschafften Güter oder den eventuell anfallenden Nachbearbeitungsaufwand. Die Ziele der Nachhaltigkeit umfassen neben den ökonomischen auch die ökologischen und sozialen Ziele des Unternehmens bzw. des Einkaufs. Die Ziele zum Risiko beinhalten die möglichen Beeinträchtigungen der Zielerreichung aller zuvor genannten Ziele.

Die genannten sechs Zielinhalte lassen sich nun mit den drei Managementthemen (Lieferant, Material und Organisation) kombinieren. Es entsteht die **7 × 3 Zielmatrix des Einkaufsmanagements** (Tabelle 1.2).

Für die rechnerischen 21 Felder dieser Matrix sind nun die Ziele bzw. die Unterziele festzulegen, Maßnahmen zur Erreichung einzuleiten bzw. mit den Lieferanten zu verhandeln und die Zielerreichung zu kontrollieren. Dieser Zielbildungsprozess kann grundsätzlich „top-down" oder „bottom-up" erfolgen. Im ersten Fall werden die Ziele der Unternehmensleitung herunter gebrochen. Im zweiten Fall werden die Ziele der einzelnen Abteilungen nach oben aggregiert.

7 x 3 Zielmatrix	Lieferant (strategisch & operativ)	Material (strategisch & operativ)	Organisation (strategisch & operativ)
Erlöse	Lieferantenbezogene Erlösziele	Materialbezogene Erlösziele	Organisationsbezogene Erlösziele
Kosten	Lieferantenbezogene Kostenziele	Materialbezogene Kostenziele	Organisationsbezogene Kostenziele
Lieferservice	Lieferantenbezogene Lieferserviceziele	Materialbezogene Lieferserviceziele	Organisationsbezogene Lieferserviceziele
Finanzen	Lieferantenbezogene Finanzziele	Materialbezogene Finanzziele	Organisationsbezogene Finanzziele
Qualität	Lieferantenbezogene Qualitätsziele	Materialbezogene Qualitätsziele	Organisationsbezogene Qualitätsziele
Nachhaltigkeit	Lieferantenbezogene Nachhaltigkeitsziele	Materialbezogene Nachhaltigkeitsziele	Organisationsbezogene Nachhaltigkeitsziele
Risiko	Lieferantenbezogene Risikoziele	Materialbezogene Risikoziele	Organisationsbezogene Risikoziele

Tabelle 1.2: 7 x 3 Zielmatrix des Einkaufsmanagements

Die Erreichbarkeit der Ziele ist aus Managementsicht zu gewährleisten. Damit sind bei der Zielfestlegung, die Akzeptanz und die Wirtschaftlichkeit der notwendigen Maßnahmen stets in die Überlegungen mit einzubeziehen.

Exkurs: Zielkonflikt

Ein zentraler Aspekt der Zieldiskussion ist der Zielkonflikt. Die Festlegung alle Ziele des Einkaufs sollte widerspruchsfrei erfolgen. Dann könnten sämtliche Maßnahmen zur Erreichung eines Ziels erfolgen, ohne dass die Erreichung eines anderen Ziels gefährdet ist. Derartige Zielkonflikte sind allerdings unvermeidlich. Die oben angesprochenen Spannungsverhältnisse zu den Lieferanten sind auch immer Ausdruck eines Zielkonflikts: der Lieferant strebt einen hohen Verkaufspreis an und der Einkauf strebt einen geringen Einkaufspreis an. Unabhängig von diesen institutionellen Zielkonflikten bestehen auch Zielkonflikte zwischen einzelnen Zielen. Als Beispiel lässt sich der Konflikt zwischen dem Qualitätsziel und dem Kostenziel oder zwischen dem Lieferzeitziel und dem Kostenziel anführen. Eine Verkürzung der Lieferzeit ist zum Beispiel durch eine Beschleunigung des Transportes (z. B. Express) möglich. Zudem besteht ein Zielkonflikt zwischen den Lagerhaltungskosten und den Bestellkosten. Die durchschnittlichen Bestellkosten sinken mit der Erhöhung der Bestellmenge. Dies führt andererseits zu steigenden Lagerhaltungskosten. Die Lösung dieses Zielkonfliktes kommt in der bekannten optimalen Bestellmenge (Andler-Formel) zum Ausdruck.

Das verantwortliche Management hat dies idealerweise im Vorfeld zu untersuchen und derart auszugestalten, dass Zielkonflikte nicht auftreten. Dies kann unter anderem dadurch geschehen, dass bestimmte Ziele als wichtiger eingestuft werden als andere. Durch deren Rangfolge ist dann die Koordination der Handlungen wieder widerspruchsfrei möglich.

Exkurs: Einkaufskosten

Die Bedeutung der Kosten als Einkaufsziel ist schon angesprochen worden. Die Einkaufskosten setzen sich aus einer Vielzahl an Elementen zusammen:

- dem Einkaufspreis (Einstandspreis bzw. Verkaufspreis des Lieferanten) frei Bezugsquelle des Lieferanten
- den Warenbezugskosten
- den anteiligen Gemeinkosten der eigenen Einkaufsorganisation
- den Opportunitätskosten des Einkaufs

Der Einkaufspreis ist das Ergebnis der Verhandlungen mit den Lieferanten. Ein geringerer Einkaufspreis senkt die Einkaufskosten. Diese Kosten frei Bezugsquelle des Lieferanten (zum Beispiel Zentrallager des Lieferanten oder Fertigwarenlager des Lieferanten) stellen die Grundlage der Einkaufskosten dar. Hinzugerechnet werden nun die sogenannten Warenbezugskosten. Diese umfassen die Verpackungskosten, die Frachtkosten, die Zinskosten (Kapitalbindung) in der Transportzeit, die Versicherungskosten, die Zollkosten und die Hafen- bzw. Brokerkosten. Durch die Wahl der INCOTERMS wird die Aufteilung der Beschaffungstransport-/Versicherungskosten und der Übergabepunkt der Ware festgelegt. Die Summe des Einkaufspreises und der Warenbezugskosten wird im Folgenden als **EK 1** (Kosten frei Rampe des Einkaufs) bezeichnet.

Dieser EK 1 wird nun durch die anteiligen Gemeinkosten der eigenen Einkaufsorganisation erhöht. Hierzu zählen die Kosten der Lieferantensuche und der Einkaufsreisen oder die Kosten für Lieferantenaudits. Diese Gemeinkosten sind auf die einzelnen Einkaufsgüter zu schlüsseln, zum Beispiel durch einen Mengen- oder einen Wertschlüssel. Als Summe ergibt sich der **EK 2**.

Diesem EK 2 sind nun Opportunitätskosten zuzurechnen. Diese zusätzlichen Kosten des Einkaufs können entstehen durch Aufschläge aufgrund hoher Mindestauftragsmengen, aufgrund von Lieferverzug (Folgekosten in der eigenen Produktion), aufgrund von Reklamationen (Rücksendekosten),

14

aufgrund von kurzfristigen ungeplanten Bedarfen (durch Sondertransporte) oder aufgrund der Wahl ungeeigneter Lieferanten oder ungeeigneter Transportmittel. Diese Opportunitätskosten sind Folgekosten der Einkaufsentscheidungen. Diese können jedoch auch durch externe Rahmenbedingungen ausgelöst werden. Die Gesamtsumme der Einkaufskosten wird nun als **EK 3** (Einkaufskosten im weiteren Sinne) bezeichnet.

Es gibt einen weiteren Ansatz, die Summe der Einkaufskosten zu bestimmen: der **Total Cost of Ownership** Ansatz (TCO). Hierbei werden die Kosten **vor** Vertragsabschluss (zum Beispiel durch Bedarfsanalysen, Vorverhandlungen Lieferantenentwicklung), die Kosten der **Vertragsdurchführung** (zum Beispiel Einstandspreis, Warenbezugskosten) und die Kosten **nach** Vertragsabschluss (zum Beispiel Kosten für Zwischenlagerung, Wartung, Recycling oder Reklamationen) betrachtet. Der TCO Ansatz betrachtet alle Kostenkomponenten, um die beschafften Güter zu erhalten, um diese für die weitere Verwendung bereit zu stellen. In der Regel sind die Kosten des EK 3 höher als die TCO, da im EK 3 auch langfristige Folgekosten von Einkaufsentscheidungen eingehen und die TCO nur direkte und indirekte Kosten des Warenbezugs enthalten.

Für das Management stellt sich u. a. die Frage, ob der Lieferant mit dem günstigsten Einstandspreis auch der beste Lieferant ist. Gemäß dem ökonomischen Prinzip scheint dies der Fall zu sein, denn der günstigste Preis ist c. p. auch der beste Preis. Entscheidend ist die Frage, welcher Einkaufspreis heranzuziehen ist: EK 1, EK 2 oder EK 3? Durch die weltweite Beschaffung fallen höhere Kosten im EK 2 an als bei lokaler Beschaffung. Durch einen zu geringen Einkaufspreis 2 können allerdings hohe Folgekosten in anderen Bereichen des Unternehmens (in der Produktion oder der Qualitätssicherung) entstehen. Diese Kostensteigerung des EK 3 ist mit den geringeren Kosten des EK 1 abzugleichen. Den Blick ausschließlich auf den günstigsten Einstandspreis zu richten, erscheint in der Regel nicht die beste Wahl zu sein.

2. Bedeutung des Einkaufsmanagements

a. Historischer Überblick

Die Rolle des Einkaufs hat sich in den letzten Jahrzehnten seit 1945 dramatisch geändert (Lysons/Farrington, 2012, S. 9 ff. oder Hug/Weber, 2011, S. 11 ff.). So standen bis Ende der sechziger Jahre die Versorgung der Fertigung und die reibungslose Abwicklung der Einkaufsprozesse im Vordergrund. Die Beschaffungsmärkte waren überwiegend lokal bzw. regional ausgerichtet. Für das Unternehmen stand die Sicherstellung der Fertigung eindeutig im Vordergrund.

Mit der Sättigung der Märkte in den siebziger und achtziger Jahren stieg die Bedeutung des Marketings, des Controllings und der Logistik an. Dem Einkauf kam im Rahmen einer integrierten Materialwirtschaft die Koordination zwischen Lieferant und Produktion zu. Die Einhaltung der Qualität zu möglichst geringen Kosten stand für den Einkauf im Vordergrund.

Nach 1990 öffneten sich insbesondere die russischen und die chinesischen Beschaffungsmärkte. Es entstanden neue Möglichkeiten, Beschaffungsgüter deutlich günstiger einzukaufen. Auf der anderen Seite waren diese neuen Märkte durch Marktforschung zu erschließen und Geschäftsbeziehungen mit Lieferanten in diesen Ländern aufzubauen. Die Outsourcing-Entscheidung fiel ab 1990 zunehmend zugunsten des Lieferanten aus. Durch die Früheinbindung des Lieferanten in den Produktentstehungsprozess konnten die Zeiten bis zur Markteinführung (Time to Market) verkürzt werden. Total Cost of Ownership (TCO) Ansätze wurden entwickelt und im Rahmen eines entstehenden Einkaufsmanagements eingesetzt. Nach der Jahrtausendwende haben sich die Wertschöpfungsnetzwerke weltweit etabliert. Produktinnovationen, Produktionsprozesse und Produktionssteuerungen erfolgten weltweit und aufeinander abgestimmt. Spätestens ab dem Jahre 2000 hat der Einkauf eine zentrale Rolle innerhalb des Unternehmens inne. Dies ist nicht nur durch die deutlich höhere Einkaufstiefe begründet, sondern auch durch den zunehmend hohen Beitrag der Produktkomponenten bezüglich der Produktinnovation und der Produktqualität und der integrierten Steuerung der Warenprozesse in der Lieferkette. Damit hat sich die Entwicklung in führenden Unternehmen vom Einkauf als Bestellabwickler (Beschaffer) der Produktion über den gleichberechtigten Partner in der Lieferkette zum Gestalter und Organisator der Supply Chain entwickelt. So beginnen die Lehrbücher von Johnson et al. (2011), Hug/Weber (2011) oder Lysons/Farrington (2012) mit einem Kapitel zur strategischen Bedeutung des Einkaufs.

Die Diskussion der Bedeutung des Einkaufs wird im Folgenden anhand von sechs Entwicklungen nachgezeichnet. Diese sind (1) das Outsourcing, (2) die Hebelwirkung des Einkaufs, (3) die Transferkosten, (4) die Beschaffung-/Absatzmärkte, (5) die Produktionsentwicklungen und (6) die Wechselkurse bzw. Rohstoffpreise. Zum Abschluß dieses Kapitels wird ein Ausblick auf weitere Entwicklungen gegeben.

b. Outsourcing

Das Outsourcing ist eine Ausprägung der Make or Buy Entscheidung. Hierbei werden Produktionsschritte nicht im eigenen Unternehmen ausgeführt, sondern Lieferanten beauftragt, diese Leistung zu erbringen. Das Statistische Bundesamt (2016) weist in der Publikation „Kostenstruktur der Unternehmen des Verarbeitenden Gewerbes sowie des Bergbaus und der Gewinnung von Steinen und Erden 2014" folgende Anteile an Rohstoffen und sonstigen fremdbezogenen Vorprodukten für deutsche Unternehmen aus:

- Verarbeitendes Gewerbe (60,4 %)
- Herstellung von chemischen Erzeugnissen (59,8 %)
- Herstellung von pharmazeutischen Erzeugnissen (37,0 %)
- Metallerzeugung und -bearbeitung (70,8 %)
- Maschinenbau (53,8 %)
- Herstellung von Kraftfahrzeugen (68,4 %)

Für den globalen Automobilbau sind die Wertschöpfungsanteile der Zulieferer in den Jahren 1985 bis 2015 durch einen deutlichen Anstieg von

17

Vorleistungen (Outsourcing) gekennzeichnet: so stieg ihr Anteil in den Jahren von 56 % auf 82 % an (Statista, 2016). Diese Quote fällt für die einzelnen Baugruppen im Automobilbereich unterschiedlich aus. So prognostiziert Abele bis 2015 differenzierte Quoten für das Fahrwerk 85 %, für den Antriebsstrang 80 %, für den Motor 64 %, für die Karosseriestruktur 41 %, für das Exterieur 71 %, für das Interieur 85 % und die Elektronik 84 % (Abele, 2005, S. 17). Diese Entwicklung der Fremdvergabe wird bis zum Jahre 2025 mit geringerem Ausmaß weiter ansteigen (Oliver Wyman, 2013, S. 11). Aus der Sicht eines einzelnen Automobilunternehmens ist den Geschäftsberichten der Netto-Wertschöpfungsanteil zu entnehmen. Er liegt beispielsweise für die BMW Group im Jahre 2012 bei 24,5 % (2015 bei 24,2 %), d. h. ca. 75 % der Wertschöpfung dieses Unternehmens werden zugekauft. Bei Volkswagen lag die Wertschöpfung für das Jahr 2015 unter 20 % (2014 bei ca. 24 %).

Diese Beispiele machen deutlich, dass die Summe der Einkaufskosten die Kostensumme der Produktion bei weitem übersteigt. Damit hat der Einkauf aus Sicht des zu entscheidenden Kostenvolumens eine hohe Bedeutung innerhalb des Managements der Wertschöpfung eines Unternehmens.

c. Hebelwirkung des Einkaufs

Die Hebelwirkung des Einkaufs erklärt nun die überproportionale Ergebniswirkung von Einkaufsleistungen auf das Unternehmensergebnis und zeigt hierbei die Auswirkungen auf das Betriebsergebnis im Vergleich zu anderen Bereichen des Unternehmens. Dies wird an einem Beispiel verdeutlicht: Bei einer Umsatzrendite von 5 %, einer Einkaufstiefe von 50 % (d. h. einer Fertigungstiefe von 50 %) und einem Umsatz von 100.000 € ergeben sich ein Einkaufsvolumen von 50.000 € und ein Gewinn von 5.000 €. Es ist nun die Aufgabe, den Gewinn um 2.500 € auf 7.500 €, d. h. um 33 %, zu steigern.

Aus Sicht des Einkaufs sind die Einkaufskosten um 2.500 € zu reduzieren, denn diese Kostensenkung wirkt unmittelbar auf den Gewinn. Somit sind die Einkaufskosten um 5 % zu senken. Aus Sicht des Vertriebs ist der

18

Umsatz um 50.000 € zu steigern, denn bei einer fünfprozentigen Umsatzrendite können somit 2.500 € Gewinnzuwachs erzielt werden. D. h. das Umsatzvolumen ist um 50 % zu steigern. Die Relationen von 5 % Kostensenkung zu 50 % Umsatzsteigerung bei einer 33-prozentigen Gewinnsteigerung ist Ausdruck des Ergebnishebels des Einkaufs.

Steigt die Einkaufstiefe auf beispielsweise 80 % an, so verbleibt dem Vertrieb die 50-prozentige Umsatzsteigerung. Der Einkauf hat allerdings die Einkaufskosten nur noch um 3,1 % zu senken. Bei einer Einkaufstiefe von 90 % reduziert sich die Senkung der Einkaufskosten sogar auf 2,7 %. Für ein Handelsunternehmen (Einkaufstiefe 100 %) ergibt sich die Senkung der Einkaufskosten von 2,5 %, d. h. 2.500 € Kostensenkung und 2.500 € Gewinnsteigerung.

Die allgemeine Formel hierzu lautet:

$$\text{Ersparnis des Einkaufs} = \frac{\text{Gewinnsteigerung (\%)} \cdot \text{Umsatzrentabilität}}{\text{Einkaufstiefe (\%)}}$$

Diese Hebelwirkung im Vergleich zu anderen Unternehmensfunktionen begründet zum Zweiten die hohe Bedeutung des Einkaufs im Unternehmen.

d. Sinkende Transferkosten

Die Transferkosten für Daten und Güter haben sich in den letzten Jahren deutlich verändert. Gemäß einer Übersicht der Bundeszentrale für politische Bildung (BPB, 2016) haben sich die Übermittlungskosten für Daten seit dem Jahr 1930 (Index 100) auf den Index in Höhe von 0,06 reduziert. Für die Transportkosten von Gütern sind der Seefrachtindex auf 35 Punkte und der Index für Lufttransporte auf 11,8 Punkte gesunken (BPB, 2016). Eine ähnliche Entwicklung wird für die handelsgewichtete Zollbelastung ausgewiesen.

Die geringeren Kosten für die beiden Arten des Transfers haben zur Folge, dass geringere Produktionskosten nicht durch erhöhte Transferkosten kompensiert werden. Die geringeren Produktionskosten in Asien führen auch nach Abzug der Transferkosten zu einer Kostensenkung des Unternehmens. Diese Kostensenkungen für Transfers sind auch Ausdruck der entstandenen globalen Datenkommunikations- und Logistiknetzwerke. Als Beispiele hierfür können das weltweite Internet und der weltweite Container- und Luftfrachtverkehr herangezogen werden.

Diese Möglichkeiten der weltweiten Beschaffung führen zu einer steigenden Bedeutung des Einkaufs innerhalb des Unternehmens, denn der Einkauf kann nun wesentliche Vorteile für ein Unternehmen erzielen. Um diese Möglichkeiten auszuschöpfen, ist es notwendig, den Einkauf quantitativ und qualitativ hierauf auszugestalten.

e. Entwicklung in den Beschaffungs-/Absatzmärkte

Die Beschaffungsmärkte und die Absatzmärkte insbesondere in Südostasien haben sich seit den neunziger Jahren deutlich verändert. Mit der Entwicklung der südostasiatischen Märkte ist aus Sicht der europäischen Unternehmen ein Anstieg der Absatzvolumina zu verzeichnen. Dies kommt aus deutscher Sicht in der deutlichen Steigerung des Exportvolumens zum Ausdruck. Mit dem Anstieg des Absatzvolumens steigt zunächst die Summe der Beschaffungsvolumina. Mit der Entwicklung dieser Märkte haben sich auch die Fertigungsunternehmen in diesen Ländern entwickelt. Damit sind dann neue Möglichkeiten entstanden, Vorprodukte und Komponenten in diesen Ländern zu beziehen. Diese Lieferanten haben sich hinsichtlich der Qualität, des Kostenmanagements und der Logistik als attraktive Lieferanten auf dem Weltmarkt etabliert.

Aus beiden Effekten entstehen für den Einkauf neue Möglichkeiten und neue Notwendigkeiten die Wettbewerbschancen des eigenen Unternehmens zu verbessern. Damit ist die Bedeutung des Einkaufs innerhalb des Unternehmens angesichts der Entwicklung der Märkte deutlich angestiegen.

f. Produktionsentwicklungen

Ein wesentlicher Grund für die gestiegene Bedeutung des Einkaufs ist die Spezialisierung der Unternehmen innerhalb der Lieferkette. Aufzunehmenden Wettbewerb können Unternehmen grundsätzlich mit Kostensenkungen oder mit innovativen Produkten reagieren. Es ist nicht verwunderlich, dass die Innovationsgeschwindigkeit seit den neunziger Jahren deutlich angestiegen ist. Als Belege können die kürzeren Zeiten für die jeweiligen PKW-Modelle des Golfs oder die kürzeren Entwicklungszyklen für Computer und Handys herangezogen werden (Krampf, 2014, S. 9 ff.). Die kürzeren Entwicklungszyklen führen zu einem höheren Kapitalbedarf, um die Innovationen zu finanzieren. Parallel hierzu haben sich höhere Anforderungen an das Risikomanagement der Banken ergeben (Rating) und infolgedessen sind die Möglichkeiten der Fremdfinanzierung begrenzt worden. Damit können Unternehmen nur noch einen kleineren Teil der Wertschöpfungskette finanzieren und beziehen als Folge einen größeren Teil der Lieferkette fremd. Es hat sich dadurch in den letzten 20 Jahren damit eine zunehmende Spezialisierung aller Unternehmen ergeben, die durch Beschaffungsnetzwerke (Supply Chains) miteinander verbunden sind. Damit kommt auch aufgrund der Entwicklungen im Produktionsbereich (Innovation) dem Einkauf eine höhere Bedeutung in den Unternehmen zu.

g. Schwankende Wechselkurse und Rohstoffpreise

Die schwankenden Wechselkurse und die schwankenden Rohstoffpreise sind eine gegebene Realität für die Unternehmen in der heutigen Zeit. Die Preise für Energie und Rohstoffe werde im Wesentlichen in US-Dollar ($) abgewickelt. Die Auswirkungen für die Unternehmen werden an einem Beispiel verdeutlicht: Auf der Grundlage der Einkaufstiefe von 50 % (Fertigungstiefe 50 %) und einem Wechselkurs von 1,5 $ zu einem Euro wird bei Gesamtkosten von 100 € (Materialkosten und Produktionskosten) insgesamt Material im Wert von 75 $ bezogen. D. h. 75 $ haben einen Gegenwert von 50 €. Sinkt nun der Wechselkurs eines Euros von 1,5 $ auf 1,2 $, so steigen die Materialkosten von 50 € auf 62,50 € an, d. h. 75 $ haben jetzt

21

einen Gegenwert von 62,50 €. Steigen nun auch die Rohstoffkosten (Materialkosten) um 20 %, d. h. von 75 $ auf 90 $ an, so erhöhen sich die Beschaffungskosten auf insgesamt 75 €. Im Vergleich zur Ausgangssituation bedeutet dies einen Anstieg der Materialkosten um 25 € (50 % höhere Einkaufskosten).

Diese Wechselkurs- und Materialpreisentwicklung konnten die letzten zehn Jahre lang beobachtet werden. Selbst bei einer Umsatzrendite von 10 % führt die beispielhafte Entwicklung zu einer deutlichen Verlustsituation eines Unternehmens. D. h. bei 50 % höheren Einkaufskosten und einer 50-prozentigen Einkaufstiefe sinkt die Umsatzrentabilität um 25 %. Die rechnerischen Effekte der Wechselkurse der letzten Jahre haben folgende Wirkungen (hier: 50 % Einkaufstiefe):

- Wechselkurs von 1,5 auf 1,35 $ bedeutet 5 % weniger Umsatzrendite
- Wechselkurs von 1,5 auf 1,2 $ bedeutet 10 % weniger Umsatzrendite
- Wechselkurs von 1,2 auf 1,1 $ bedeutet 4,1 % weniger Umsatzrendite

Diese genannten Effekte gelten für beide Richtungen, d. h. bei einer Verschlechterung der Rahmenbedingungen führt dies zu einer Verschlechterung der Gewinnsituation eines Unternehmens. Auf der anderen Seite wirkt durch günstige Rahmenbedingungen, d. h. bessere Wechselkurse des Euro und/oder günstigere Einkaufspreise, der Einkaufshebel positiv auf das Unternehmensergebnis. Aus Sicht des Unternehmens können vorsorglich bei günstigen Rahmenbedingungen sowohl Währungen als auch Rohstoffe „auf Ziel" bezogen werden, um mit diesen günstigen Preisen die ungünstigen Perioden zu überstehen. Zudem unterstützt die Deutsche Rohstoffagentur (DERA) mit der Analyse der Preis- und Lieferrisiken für kritische Rohstoffe, um derartigen Entwicklungen aus Sicht der deutschen Industrie besser vorhersehen und steuern zu können.

Die erhöhten Auswirkungen schwankender Wechselkurse und schwankender Rohstoffpreise führen zu einer erhöhten Bedeutung des Einkaufs innerhalb des Unternehmens.

Als Fazit aller Entwicklungen kann festgehalten werden, dass durch die Einbindung der Unternehmen in die globalen Lieferketten die Bedeutung des Einkaufs nachhaltig gestiegen ist.

Auch in der Zukunft ist mit weiteren Entwicklungen zu rechnen, die die Bedeutung des Einkaufs verändern werden. Hier ist an erster Stelle die zunehmende **Professionalisierung** der Einkäufer zu nennen. Somit werden Kenntnisse und Fähigkeiten im Einkauf aufgebaut und damit werden Unterschiede zwischen den Unternehmen auch anhand der Leistungsfähigkeit des Einkaufs sichtbar. An zweiter Stelle wird die **Digitalisierung** der (Einkaufs-) Prozesse mit weitreichenden Auswirkungen genannt. Hinsichtlich der Effizienz der Prozesse und hinsichtlich deren Effektivität durch neue Geschäftsmodelle wird der Einkauf als Bindeglied zu den Lieferanten bzw. zur Supply Chain des Unternehmens eine Schlüsselstelle einnehmen.

Insgesamt bekommt der Einkauf innerhalb des Unternehmens einen höheren Stellenwert (oder sollte einen höheren Stellenwert bekommen). Aus dieser Bedeutung entstehen auf der anderen Seite auch Verpflichtungen: Verpflichtungen hinsichtlich des Aufbaus von Know-how und einer effektiven und effizienten Organisation, um mit den gebotenen Chancen auch kurz- und langfristige Vorteile für das Unternehmen zu erreichen.

3. Management der Einkaufsorganisation

a. Vorbemerkungen

Das Management der Einkaufsorganisation ist eine der drei Aufgaben des Einkaufsmanagements und behandelt die Frage WER den externen Leistungsbezug organisiert. Hierbei werden zwei Aspekte angesprochen: der formale Aufbau der Organisation des Einkaufs und die inhaltliche Leistungsfähigkeit der handelnden Personen. Das Management der Einkaufsorganisation lässt sich damit unterteilen in (1) die Organisation des Einkaufs und (2) die Qualifikation der Einkäufer.

Die Organisation des Einkaufs seinerseits wird diskutiert anhand von vier Einzelaspekten: (a) die Primärorganisation, (b) die hierarchische Einordnung des Einkaufs, (c) der innere Aufbau der Einkaufsorganisation und (d) die Sekundärorganisation (Large, 2009, S. 279 ff.). Die Qualifikation der Einkäufer andererseits wird anhand der Dimensionen der Qualifikation der Einkäufer und der aktuellen Berufschancen erläutert werden.

b. Organisation der Primärorganisation

Die Lehre der Aufbauorganisation von Unternehmen ist in der betriebswirtschaftlichen Diskussion tief verwurzelt (beispielsweise Lysons/Farrington, 2012, S. 153 ff., van Weele, 2014, S. 261 ff. oder Krampf, 2014, S. 125 ff.). Diese Diskussion wird nun auf den Funktionsbereich Einkauf eines Unternehmens angewendet. Es werden insgesamt drei verschiedene Formen der Aufbauorganisation diskutiert. Diese werden durch die zentrale (d. h. funktionale), die dezentrale (d. h. divisionale) und eine mittlere Form (d. h. hybride) der Organisation beschrieben. Die Zentralität begünstigt hierbei die Leistungsvorteile der Organisation und die Dezentralität hat wiederum Vorteile bei der Koordination der Bedarfe. Dieses Grunddilemma prägt jede Organisationsentscheidung (Schumacher et al. (2008, S. 115 f.).

Der **funktionale** Aufbau eines Unternehmens führt zum Funktionsbereich Einkauf. Damit ist der Einkauf eine zentrale Einheit und übernimmt

24

alle Einkaufsaufgaben innerhalb des Unternehmens. Andere Bereiche/Abteilungen des Unternehmens führen diese Funktion nicht aus. Ein Maverick Buying, d. h. ein Bezug von Lieferantenleistungen ohne Einbeziehung der Einkaufsorganisation, findet demzufolge auch nicht statt. Die Aufbauorganisation des Unternehmens in funktionaler Hinsicht wird demzufolge unterschieden in Einkauf, Produktion, Vertrieb und weitere funktionale Einheiten (zum Beispiel Personal, Rechnungswesen). Der Einkauf kann sich bei diesem Aufbau auf seine jeweiligen Aufgaben spezialisieren und damit sein eigenes Know-how aufbauen. Sollte das Unternehmen mehrere Produktlinien fertigen oder aus mehreren Tochtergesellschaften bestehen, erfolgt der Einkauf aus der zentralen Funktion Einkauf.

Demgegenüber steht der **divisionale** Aufbau eines Unternehmens. Das gesamte Unternehmen ist in so genannte Divisionen oder Sparten aufgeteilt. Als Divisionen kommen beispielsweise Marken oder Produktlinien in Betracht. Der divisionale Aufbau des Unternehmens bedeutet für den Einkauf, dass jede Division einen separaten Einkauf aufbaut. Der Einkauf ist demzufolge für jede Sparte (Division) des gesamten Unternehmens einzurichten. Eine Zusammenarbeit (Synergie) zwischen den einzelnen Einkaufsbereichen findet nicht statt.

Eine Mischform zwischen der funktionalen und der divisionalen Aufbauorganisation stellt die **hybride** Aufbauorganisation dar. Ausgehend von einem divisionalen Unternehmen ist der Einkauf für jede Division eingerichtet. Es wird zusätzlich ein sogenannter zentraler Stab eines strategischen Einkaufs eingerichtet. Die organisatorische Einheit ‚strategischer Einkauf' ist eine Stabsstelle, die die Zusammenarbeit zwischen den einzelnen Einkaufsdivisionen koordiniert und steuert.

Diese drei Grundformen der Aufbauorganisation weisen jeweils spezifische Merkmale auf. Diese sind in der Tabelle 3.1 zusammenfassend dargestellt. In der Tabelle 3.2 werden die jeweiligen Vorteile und Nachteile dieser drei Formen der Einkaufsorganisation dargestellt (siehe auch Large, 2009; S. 281 ff., Lysons/Farrington, 2012, S. 156 ff., Schumacher et al., 2008, S. 116 ff.). Diese Diskussion ist auch Ausdruck des o.g. Grunddilemmas jeder Organisationsentscheidung.

Zentrale Einkaufs-organisation (Funktion)	Hybride Einkaufs-organisation (Strategischer Einkauf)	Dezentrale Ein-kaufsorganisation (Division)
• Fachliche Bünde-lung der Aufgabe der Einkäufer zur Professionalisierung und Aufbau von Know-how • Funktionsspeziali-sierung und dadurch keine Doppelarbei-ten in der Organisa-tion • Bessere Kenntnis über Märkte und Lieferantenleistun-gen • Erleichterte Kon-trolle der Prozesse und der vertragli-chen Vereinbarun-gen • Möglichkeiten zur Standardisierung der Prozesse und dadurch bessere Steuerungsmöglich-keiten • Fazit: starker Fokus auf Standarisierung und Steuerung/ Koordination der Prozesse	• Mischform aus zentraler und de-zentraler Organisa-tion • Festlegung von Ein-kaufsstandards und Einkaufsregeln, z. B. unternehmens-weit gültige Rah-menverträge, Ein-kaufsprozesse, Aus-bildungskonzepte oder Kontrollen bzgl. Risiko und Compliance • Sicherstellung einer unternehmensweit einheitlichen Quali-tät im Einkauf • Nähe der Einkäufer für spezialisierte di-visionale Bedarfe, z. B. individuelle Problemlösungen oder Flexibilität • Fazit: Nutzung der Vorteile des dezent-ralen Einkaufs und gleichzeitige Nut-zung der Synergien	• Stärkere Fokussie-rung auf den jewei-ligen Einkaufsbe-darf • Größere Nähe zum spezifischen Liefe-rantenmarkt der Division • Spezifischere Aus-gestaltung der Ein-kaufsverträge • Spezifischere Aus-gestaltung der Pro-zesse im Einkauf für die jeweilige Division • Höhere Flexibilität und schnellere Re-aktionszeiten durch kürzere Entschei-dungswege • Höhere Kenntnis der Prozesse und Strukturen der je-weiligen Division • Fazit: starker Fokus auf der Spezifika-tion je Division

Tabelle 3.1: Vergleich der drei Formen der Primärorganisation des Einkaufs

Zentrale Einkaufsorganisation (Funktion)	Hybride Organisation (Strat. EK)	Dezentrale Einkaufsorganisation
Vorteile	**Vorteile**	**Vorteile**
• Möglichkeit der direkten Steuerung einzelner Unternehmensbereiche	• Nutzung von Koordinationsvorteilen bei gleichzeitiger spezifischer Anpassung der Einkaufsprozesse je Division	• Verfügbarkeit des Einkaufs (Mitarbeiter, Software) in den jeweiligen Divisionen
• Durchsetzung zentraler Standards: Prozesse und genutzten Software/Datenbanken	• Akzeptanz übergeordneter Regeln und einheitlicher Prozesse (Vertrauen zu zentralen Lösungen)	• Bedarfsgerechte Umsetzung von spezifischen Anforderungen (Prozesse, Flexibilität) je Division
• Bündelungsvorteile bei Lieferanten (Volumen)	• Wissensaufbau zwischen den Divisionen zur Weiterentwicklung des Einkaufs	• Fazit: Vorteile der spezifischen Organisation des Einkaufs überwiegen die Standardisierungsvorteile
• Fazit: Standardisierungs-vorteile überwiegen die spezifischen Erfordernisse der Unternehmensbereiche	• Fazit: Nutzung der Koordinationsvorteile ohne Beeinträchtigung der spezifischen Anforderungen je Division	**Nachteile**
Nachteile		• Mehrfacharbeit im Unternehmen (den Divisionen)
• Fehlende Akzeptanz bei dezentralen Bedarfsträgern	**Nachteile**	• Vernachlässigung von Synergien bei Kosten und Prozessen
• Vernachlässigung der spezifischen Bedarfe der Divisionen (Elfenbeinturm)	• Doppelte Zuständigkeiten	• Risiko der Abschottung einzelner Divisionen (keine Synergien und keine Lerneffekte)
• Gefahren des Maverick Buying	• Erhöhter Kommunikationsaufwand und erhöhter Koordinationsaufwand	
• Höherer Aufwand zur Sicherstellung gesetzlicher Anforderungen (Compliance)	• Fehlende Balance zwischen zentraler und dezentraler Organisation	

Tabelle 3.2: Vorteile und Nachteile der drei Formen der Primärorganisation des Einkaufs

Neben diesen drei genannten Formen der Primärorganisation können auch Bündelungsmodelle in der Einkaufsorganisation eingerichtet werden. So unterscheiden beispielsweise Schumacher et al., 2008, S. 126 ff. oder Lysons/Farrington, 2012, S. 169 f. die folgenden Möglichkeiten:

- **Lead Buyer**: Ein sogenannter federführender Einkäufer beschafft für sämtliche weiteren Einkäufer (Nutzer) zuvor definierte Beschaffungsgüter. Der Lead Buyer repräsentiert das gebündelte Volumen aller Divisionen gegenüber dem Lieferanten und schließt Rahmenverträge mit unternehmensweiter Gültigkeit ab. Die einzelnen Divisionen rufen dann die jeweils benötigen Mengen auf der Grundlage verhandelter Vereinbarungen ab.

- **Einkaufs-Council**: Hier entscheiden kleinere Teams die Beschaffung der Güter auch in Form einer gemeinsamen Lieferantenstrategie. Dieses Team repräsentiert das unternehmensweite Beschaffungsvolumen gegenüber den Lieferanten. Sie können hierbei auch Vorzugslieferanten (Kernlieferanten) festlegen, die zur Beschaffung dann heranzuziehen sind.

- **Shared Services**: Hierbei wird die Einkaufsorganisation wie ein externer Dienstleister gesehen und steht allen Abnehmer von Einkaufsgütern des Unternehmens zur Verfügung. Bei Standardmaterialien (zum Beispiel Büromaterial) können zentral verhandelte Güter von einer Vielzahl von Einkäufern (Nutzern) abgerufen werden.

Dem interessierten Leser werden die weitergehenden Ausführungen von Schumacher et al. (2008) oder von Lysons/Farrington (2012) zur Organisation des Einkaufs empfohlen.

c. Hierarchische Bedeutung des Einkaufsmanagements

Die hierarchische Einordnung des Einkaufs behandelt im Kern die Frage, ob der Einkauf in der Geschäftsführung vertreten ist oder nicht. Gemessen an der Einkaufstiefe und gemessen an der daraus resultierenden Bedeutung des Einkaufs für den Erfolg des Unternehmens erscheint die

Vertretung des Einkaufs als eigenständiges Ressort innerhalb der Geschäftsführung gut begründet. Es können die einkaufspezifischen Fragestellungen im obersten Leitungsgremium persönlich erläutert und die Interessen und Zielkonflikte zu den anderen Bereichen des Unternehmens direkt angesprochen werden. Es ist zumindest möglich, eine übergeordnete „beste Lösung" des Unternehmens durch diese Leitungsdiskussion zu finden. Damit kann die Koordination im Unternehmen zur Sicherung der Erfolgs- und Kostenpotenziale gewährleistet werden (Large, 2009, S. 291 f.).

Ist der Einkauf hingegen nicht in der obersten Leitungsebene vertreten, so vertritt ein Geschäftsführungsmitglied **auch** die Interessen des Einkaufs, zum Beispiel der Geschäftsführer Finanzen. Damit besteht grundsätzlich die Möglichkeit, dass Einkaufsthemen direkt im Leitungsgremium erörtert werden. Dennoch ist die direkte Vertretung der Einkaufsinteressen eingeschränkt. Gemäß einer Studie von Porsche Consulting aus dem Jahre 2012 wird deutlich, dass nur 17 % der untersuchten Unternehmen einen Geschäftsführer ‚Einkauf' hatten. Für exzellente Unternehmen wurde in 33 % der Fälle der Einkauf durch den Vorsitzenden der Geschäftsführung und in 17 % bzw. 16 % durch den Leiter Produktion bzw. Entwicklung vertreten. Diese Übersicht macht deutlich, dass sich die zentrale Bedeutung des Einkaufs organisatorisch noch nicht als Selbstverständlichkeit durchgesetzt hat. In der Branche des Maschinenbaus ist gemäß einer Untersuchung von Kerkhoff aus dem Jahre 2011 der Einkauf mehrheitlich nicht direkt in der Geschäftsführung vertreten und steht demzufolge nur in der zweiten Reihe. Nach seiner Meinung hat der Maschinenbau die Entwicklung des Einkaufs „verschlafen", auch wenn ein Großteil der Befragten angibt, dies in Zukunft ändern zu wollen (Kerkhoff, 2011b).

Als abschließende Einschätzung ist festzustellen, dass die sich bietenden Chancen durch den Einkauf organisatorisch nicht in dem Maße umgesetzt werden wie dies möglich sein könnte (sollte). Auch wenn die fehlenden Vorteile des Einkaufs nicht unmittelbar sichtbar werden, so wird auf lange Sicht der Nachteil der Unternehmen in Bezug auf Innovationsleistung, Geschwindigkeit der Prozesse oder Kostensenkung zu Tage treten.

29

d. Gliederungsprinzipien der Organisation

Die dritte Entscheidung zur Organisation des Einkaufs betrifft den inneren Aufbau, d. h. die Gliederung, der Einkaufsorganisation. Es stehen hier mehrere Möglichkeiten zur Verfügung (zum Beispiel bei Large, 2009, S. 293 ff.):

- Gliederung nach Beschaffungsobjekten
- Gliederung nach Lieferanten
- Gliederung nach Ländern
- Gliederung nach Bedarfsträgern

Die Gliederung nach **Beschaffungsobjekten** (Einkaufsprodukten) ist die klassische Form des inneren Aufbaus. Für ein Industrieunternehmen im Automobilbereich würde der Einkauf gegliedert werden nach Einkauf für Fahrwerksteile, Einkauf für Komponenten des Antriebsstrangs, Einkauf für Motorenkomponenten, Einkauf für Exterieurkomponenten, Einkauf für Interieurkomponenten oder Einkauf für Elektronikkomponenten. Für ein textiles Handelsunternehmen würde der Einkauf gegliedert werden nach Einkauf für Damenoberbekleidung, Einkauf für Herrenoberbekleidung, Einkauf für Kinderoberbekleidung, Einkauf für Schuhe oder Einkauf für Heimtextilien. Die genannten Beispiele würden dann auf der nächsten hierarchischen Ebene weiter verfeinert werden. Am Beispiel der Damenoberbekleidung könnte der Einkauf gegliedert werden in Einkauf für Damenblusen, Einkauf für Damenhosen, Einkauf für Damenjacken oder Einkauf für Damen Sportswear.

Eine Gliederung nach Beschaffungsobjekten ist bei großen Unterschieden zwischen den einzelnen Beschaffungsobjekten anzuwenden. Insbesondere bei technischen oder verwendungsbezogenen Unterschieden wird ein spezifisches Know-how des Einkaufs erfordert. Diese spezifische Knowhow ist weltweit und Lieferanten weit anerkannt und auch gefordert, so dass der Einkauf aus Akzeptanzgründen dieses Produktfachwissen aufzuweisen hat.

Die Gliederung nach **Lieferanten** bedeutet, dass ein Einkäufer sämtliche Güter eines Lieferanten bezieht, auch wenn der Lieferant verschiedene

Beschaffungsobjekte produziert. Als Beispiel für die Gliederung nach Lieferanten kann die Gliederung nach Lieferanten von Industriemarken oder nach Lieferanten von Eigenmarken genannt werden. So produzieren die großen Industriehersteller von Sportartikel (zum Beispiel Adidas oder Nike) verschiedenste Artikel im Sportbereich. Würde diese Organisationsform gewählt werden, so könnte auf der zweiten Gliederungsebene des Einkaufs dann eine Unterteilung nach einzelnen Beschaffungsobjekten erfolgen.

Die Gliederung nach Lieferanten ist anzuwenden bei großen Unterschieden in den Beschaffungsprozessen zwischen den einzelnen Lieferanten. Der jeweilige Lieferant und seine spezifischen Anforderungen begründen, dass der Einkauf sich mit seinem spezifischen Know-how und seinen spezifischen Prozessen hierauf ausrichtet. Dies ist unabhängig von den zu beschaffenden Gütern oder den Beschaffungsländern. Diese Gliederung kommt auch bei einer herausragenden Bedeutung einzelner Lieferanten zum Zuge.

Eine Gliederung nach **Ländern** bedeutet, dass der Einkauf sämtliche Komponenten des jeweiligen Landes beschafft, auch wenn die Lieferanten dieser Länder verschiedene Beschaffungsobjekte produzieren. Als Beispiel für eine Gliederung nach Ländern könnte der Einkauf für deutsche Lieferanten, der Einkauf für europäische Lieferanten ohne Deutschland, der Einkauf für asiatische Lieferanten oder der Einkauf für amerikanische Unternehmen sein. Würde diese Organisationsform gewählt werden, so könnte auf der zweiten Gliederungsebene des Einkaufs dann eine Untergliederung nach Beschaffungsobjekten oder nach Lieferanten erfolgen.

Die Gliederung nach Ländern ist anzuwenden bei großen Unterschieden zwischen den Beschaffungsländern, zum Beispiel der Einkaufsprozesse (z. B. bei Logistik oder Zoll), der Sprache bzw. der Kultur der jeweiligen Lieferanten. Diese Unterschiede begründen dann ein spezifisches Know-how des Einkaufs, welche stärker ins Gewicht fallen als die Unterschiede nach Lieferanten oder nach Beschaffungsobjekte.

Eine Gliederung nach **Bedarfsträgern** bedeutet, dass der Einkauf sämtliche Komponenten eines Bedarfsträgers (zum Beispiel Produkte des eigenen Unternehmens) beschafft. Als Beispiel für eine Gliederung nach Bedarfsträgern könnte der Einkauf für Komponenten des Produktes A, der Einkauf für Komponenten des Produktes B oder der Einkauf für Ersatzteile genannt werden. Würde diese Organisationsform gewählt werden, so könnte auf der zweiten Gliederungsebene dann eine Untergliederung nach Beschaffungsobjekten (oder Ländern oder Lieferanten) gewählt werden.

Diese Gliederung nach Bedarfsträgern ist bei großen Unterschieden der Bedarfsträger bzw. den benötigten Komponenten anzuwenden. Als Beispiel hierzu kann die divisionale Gliederung genannt werden, denn jede Division stellt in der Regel einen eigenständigen Bedarfsträger (zum Beispiel Produktkategorie) dar.

Die einzelnen Gliederungsmöglichkeiten des Einkaufs weisen jeweils spezifische Vor-/ und Nachteile auf. In der Praxis ist dann eine Abwägung vorzunehmen, welches Gliederungsprinzip zuerst und welches Gliederungsprinzip danach anzuwenden ist. So kann auf der ersten Ebene eine Gliederung nach Bedarfsträgern (Division) vorgenommen werden, die dann auf der zweiten Ebene nach Beschaffungsobjekten (Komponenten) unterteilt wird. Hat das Unternehmen eine hinreichende Größe, so kann auf der dritten Ebene dann eine Unterteilung nach Lieferanten oder Ländern vorgenommen werden.

e. Sekundärorganisation

Die Sekundärorganisation beschreibt eine Organisation, die neben der Primärorganisation besteht. Hiermit soll deutlich werden, dass eine Primärorganisation nicht alle Aufgaben effektiv oder effizient lösen kann. Angesichts der vielen Schnittstellen des Einkaufs und angesichts der schnellen Veränderungsrate, denen der Einkauf ausgesetzt ist, kann eine Sekundärorganisation zeitlich kurzfristig bzw. zeitlich begrenzte Themen aufnehmen, diskutieren und in Entscheidungen umsetzen. Einer Sekundärorganisation können somit auch Befugnisse in strategischer und operativer Hinsicht zukommen (Large, 2009, S. 295 ff.).

Die Schnittstellen des Einkaufs zu benachbarten Funktionen sind vielfältiger Natur, d. h. mit den Lieferanten, mit der Finanzabteilung, mit der Logistik, mit der Produktion, mit der Produktentwicklung, mit strategischen Kooperationspartnern oder mit anderen Konzernunternehmen. Den spezifischen Veränderungen und Herausforderungen ist der Einkauf angesichts von gesetzlichen Anforderungen (zum Beispiel neue Gesetze), politischen Veränderungen (zum Beispiel neue Freihandelsabkommen), wirtschaftlichen Veränderungen (zum Beispiel schwankende Wechselkurse) oder Marktveränderungen (zum Beispiel Kundennachfrage) zahlreich ausgesetzt.

Als Formen der Sekundärorganisation können Projektteams, Entwicklungsteams oder Ausschüsse fungieren. Auch Konferenzen oder Lieferantentage können als Sekundärorganisation fungieren. Die Zusammensetzung dieser Teams und die Fähigkeit, Entscheidungen vorzubereiten und zu treffen, sichern die Leistungsfähigkeit und die Akzeptanz der Sekundärorganisation.

f. Einkaufsbüros

Einkaufsbüros (International Purchasing Office) sind eine Form der Einkaufsorganisation, um die internationale Beschaffung effektiver und effizienter zu gestalten. Die Einkaufsbüros europäischer Unternehmen finden sich lieferantennah, d. h. zum Beispiel in Südostasien. Einkaufsbüros stellen eine Nähe zu den Lieferanten her, um die Prozesse der Beschaffung reibungsloser abwickeln zu können. Zu den zentralen Aufgaben der Einkaufsbüros zählen die Suche neuer Lieferanten, die Unterstützung bei der Verhandlungsführung, die Unterstützung im Prozess der Bemusterung (Einholung, Prüfung, Beurteilung und Weitergabe), die Durchführung der lieferantennahen Qualitätssicherung und die schnelle Lösung von Abwicklungsproblemen mit Lieferanten. Dadurch können aus Sicht der europäischen Einkaufsorganisationen Zeit- und Kostenvorteile erzielt werden. Die Zeitvorteile ergeben sich aus der räumlichen Nähe zu den Lieferanten, dem engeren und häufigeren Kontakt zu den Lieferanten und den besseren Informationen zum Beschaffungsmarkt. Marktentwicklungen können so schneller und besser beobachtet und somit Vorteile schneller identifiziert und umgesetzt werden.

Auf der anderen Seite verursachen die Einkaufsbüros Kosten für Büromiete, Personal und Dienstreisen. In den asiatischen Wirtschaftszentren sind diese Kosten auf vergleichbarem Niveau wie in den europäischen Zentren. Dennoch ist die Entscheidung für Einkaufsbüros nicht nur unter Kostengesichtspunkten zu treffen, sondern sie ist im Wesentlichen mit der besseren Leistungsfähigkeit der Einkaufsorganisation begründet. Angesichts der Einkaufstiefe und der Bedeutung asiatischer Beschaffungsmärkte für europäische Einkaufsorganisationen ist die fehlende Nähe zu den Lieferanten angesichts der Kultur und der schnellen Marktveränderungen eine Sollbruchstelle innerhalb der Einkaufsprozesse. Sofern der Aufbau und der Betrieb eigenständiger Einkaufsorganisationen trotzdem wirtschaftlich nicht darstellbar sind, so sind Kooperationen oder der Einsatz von Dienstleistern (z. B. Li & Fung) in Erwägung zu ziehen. Dem interessierten Leser sei die Quelle von Sartor et al. (2014) empfohlen.

g. Qualifikation der Einkäufer (Einkäuferinnen)

Die steigende Bedeutung des Einkaufs und die zunehmenden Herausforderungen in der Einkaufsorganisation begründen eine deutlich höhere Qualifikation der Einkäufer. Während in den achtziger Jahren mit den ersten Marktsättigungstendenzen das Marketing, das Controlling und die Logistik aus unternehmerischer Sicht wichtig wurden und in diesem Zuge auch die akademische Ausbildung aufgebaut wurde, hat der Einkauf diesen Entwicklungsprozess noch vor sich. Der Einkauf wird deshalb auch als der Bereich bezeichnet, mit dem sich heute deutliche Wettbewerbs- und Ergebnisverbesserungen erzielen lassen. So hat der Bundesverband Materialwirtschaft, Einkauf und Logistik e.V. (BME) im Jahre 2012 den Band

34

„Karriere im Einkauf" und den Band „Personal im Einkauf" veröffentlicht. Damit unterstreicht der BME die steigende Bedeutung und die Notwendigkeit der Qualifizierung der Mitarbeiter im Einkauf. Auch aus Sicht von Unternehmensberatungen, zum Beispiel in der A.T. Kearney-Studie aus dem Jahre 2011 „2011 Assessment of Excellence in Procurement", wird der steigende Bedarf der Rekrutierung und der Aus- und Weiterbildung von Einkäufern betont.

Die Qualifikation der Einkäufer lässt sich anhand von vier Dimensionen erläutern:

- Fachliche Kompetenzen
- Methodische Kompetenzen
- Soziale Kompetenzen
- Persönliche Kompetenzen

Zu den **fachlichen** Kompetenzen ist in erster Linie das Wissen um die zu beschaffenden Güter und Komponenten zu nennen: Kenntnisse der betreffenden Gesetze, des Exports und Imports, der Beschaffungsmärkte, der Logistik und der Lieferanten. Insbesondere die strategischen Aspekte dieser Kompetenzen sind für eine gleichberechtigte Stellung innerhalb der Unternehmensführung und der Weiterentwicklung des Unternehmens unabdingbar. Zu den **methodischen** Kompetenzen zählen insbesondere Methoden zur Wirtschaftlichkeitsrechnung, zum Projektmanagement, zur Strategiebildung und zum Finanzmanagement.

Die **sozialen** Kompetenzen sind für Einkäufer durch das Beziehungsmanagement zu den Lieferanten unverzichtbar. Zu ihnen zählen neben der Führungsfähigkeit insbesondere die Kompetenzen zum Beziehungsaufbau, zur Gesprächsführung, der Verhandlungsführung, der Konfliktfähigkeit und der Präsentationstechnik. Angesichts der Gesprächspartner aus verschiedenen Kulturkreisen sind diese Kompetenzen im Umgang mit den verschiedenen Kulturen zu beherrschen. Diese sozialen Kompetenzen basieren auf **persönlichen** Kompetenzen, wie zum Beispiel Selbstsicherheit im Auftreten, Initiative, sprachlicher Ausdruck, Fremdsprachenkenntnisse, Belastbarkeit und Entscheidungsfähigkeit.

35

Ausbildungsprogramme und Weiterbildungsprogramme haben sich diesen Herausforderungen zu stellen. Die Anforderungen und die Kompetenzen mögen nach hierarchischen Ebenen im Unternehmen unterschiedlich stark ausgeprägt sein. So stehen zu Beginn der beruflichen Karriere Fach- und Methodenwissen im Vordergrund. Dennoch sind auch schon im Berufseinstieg die sozialen und persönlichen Fähigkeiten notwendig. Mit zunehmendem Aufstieg auf der Karriereleiter gewinnen insbesondere strategische Kompetenzen, persönliche Souveränität und Verhandlungskompetenzen an Bedeutung. Dem interessierten Leser sei die Kulturdiskussion im Management von Scholz/Stein (2013) und die Grundlegung von Large (2009) empfohlen.

4. Materialmanagement

a. Eine kurze Übersicht

Der Begriff ‚Materialmanagement' ist in vielfältiger Hinsicht benutzt worden. In dieser Arbeit ist er eine der drei Aufgaben des Einkaufsmanagements, die sämtliche Fragen der zu beschaffenden Güter beinhaltet. Ausgangspunkt hierbei ist die Arbeitsteiligkeit in der Lieferkette und die Notwendigkeit des Fremdbezugs bestimmter Rohstoffe, Einzelteile, Komponenten oder Baugruppen. Diese bilden die Vorleistung für die eigene Fertigung, d. h. es erfolgt die Weiterverarbeitung der beschafften Güter für ein eigenständiges Produkt des einkaufenden Unternehmens. Dieses wiederum kann aus Sicht des Endverbrauchers ein Fertigprodukt sein oder es ist selbst eine Komponente/Bauteil, das vom Kunden des einkaufenden Unternehmens im Rahmen der Fremdvergabe bezogen wird.

Im Kern behandelt die Materialwirtschaft die Managementfragen (a) zu den Gütern, die fremd bezogen werden sollen und (b) zu den zu beziehenden Mengen und den Beschaffungszeitpunkten. Die erste Fragestellung behandelt dabei die konkrete Entscheidung, (a1) welche Teile der Lieferkette eines Unternehmens fremd zu beziehen sind und (a2) welchen Wert diese Komponenten innerhalb eines Unternehmens aufweisen. Die zweite Fragestellung kann aufgespalten werden in die beiden Fragen (b1) der Mengenplanung und (b2) der Nachschubsteuerung der einzelnen Güter. Die letztgenannte Fragestellung (b2) wird in dieser Arbeit nicht behandelt, da sie ausschließlich logistische Aspekte des Güterbezugs thematisiert.

b. Outsourcing als Entscheidungsproblem

Mit der zentralen Frage des Outsourcings (bzw. des Insourcings) wird die Einkaufstiefe bzw. die Fertigungstiefe festgelegt. Die Einkaufstiefe wurde definiert als das Verhältnis des Wertes der beschafften Güter zu den gesamten Kosten eines Produktes in der Lieferkette oder eines Unternehmens. Die Fertigungstiefe wurde definiert als das Verhältnis der eigenen Wertschöpfung zu den gesamten Kosten eines Produktes in der Lieferkette oder eines Unternehmens. Die Summe der Einkaufs- und der Fertigungs-tiefe (jeweils in Prozent) ergibt für ein Unternehmen jeweils 100 %.

Die Frage des Outsourcings/Insourcings, auch als Make or Buy (MoB) bezeichnet, ist in der Literatur von Coase (1937) und Williamson (1975) mit der **Transaktionskostentheorie** schon sehr früh behandelt worden. Weitere Ausarbeitungen haben Ouchi (1979) und Jarillo (1988) vorgenom-men.

Coase und Williamson haben mit dieser Theorie eine wesentliche Frage der Koordination von Entscheidungen sehr grundsätzlich behandelt und sind hierfür mit dem Alfred-Nobel-Gedächtnispreis für Wirtschaftswissen-schaften/Wirtschaftsnobelpreis ausgezeichnet worden. Die grundsätzliche Koordination innerhalb der Lieferkette kann über den **Markt** (Fremdbe-zug) oder über die **Hierarchie** (Eigenerstellung) erfolgen. Mit dieser Grundsatzentscheidung ist auch die Existenz von Unternehmen begründet worden.

Der Grundgedanke der Transaktionskostentheorie ist ein Vergleich der internen Kosten (IC) und der externen Kosten (EP). Coase und Williamson haben mit der Transaktionskostentheorie begründet, dass der Fremdbezug von Leistungen nicht frei von Kosten ist, sondern Kosten verursacht. Diese Transaktionen des externen Leistungsbezugs umfassen die Suche neuer Lieferanten, die Vorbereitung des Vertragsabschlusses und deren Nachar-beiten. Diese Kosten werden als Transaktionskosten (TC) bezeichnet. Die Entscheidungsregel zum Fremdbezug bzw. zur Eigenerstellung lautet (Jarillo, 1988, S. 35):

- Eigenerstellung $\quad\quad$ EP + TC > IC
- Fremdbezug $\quad\quad\quad$ EP + TC < IC

Ouchi und Jarillo haben den beiden Koordinationsmechanismen Markt und Hierarchie um Clans (Ouchi) und um strategische Netzwerke (Jarillo) erweitert. In **Clans** bestehen langfristige Beziehungen auf der Grundlage gemeinsamer Wertvorstellungen und Überzeugungen, die vertragliche Be-ziehungen und explizite Kontrollaufwendungen nicht erfordern. Das **stra-tegische Netzwerk** hingegen wird durch eine ‚hub firm' gesteuert, welche

38

mit den einzelnen Partnern des Netzwerkes längerfristige Vertragsbeziehungen aushandeln und vereinbaren. Die Tabelle 4.1 stellt die insgesamt vier Koordinationsmechanismen aufbauend auf der Transaktionskostentheorie vergleichend dar. Als Literaturtipp wird dem interessierten Leser das einführende Beispiel von Ouchi (1979, S. 833 ff.) empfohlen.

Koordinationsmechanismen		Beziehungen der Transaktionspartner	
		Null-Summen-Spiel (konkurrierend)	Zugewinngemeinschaft (kooperierend)
Rechtliche Form der Transaktionspartner	Markt	Klassischer Markt	Strategisches Netzwerk
	Hierarchie	Hierarchie	Clan

Tabelle 4.1: Koordinationsmechanismen aufbauend auf der Transaktionskostentheorie. Quelle: Jarillo (1988), S. 34.

Insbesondere die Arbeiten zu den strategischen Netzwerken und den Clans sollen deutlich machen, dass hier zwei Koordinationsmechanismen vorliegen, die reduzierte Transaktionskosten aufweisen. Damit können auch in komplexen Situationen Transaktionen kostengünstig organisiert werden. Als Beispiele für Clans können das japanische Keiretsu, das koreanische Chaebol oder Lokale Cluster genannt werden. Als Beispiele für strategische Netzwerke können Automobilcluster herangezogen werden. Insgesamt werden durch diese Arbeiten, die Arbeitsteiligkeit in der Lieferkette, deren Koordination und damit die Entscheidung zum Outsourcing begründen.

Im Gegensatz zu dieser theoretischen Diskussion der Arbeitsteiligkeit kann die Argumentation auf der Grundlage der Kernkompetenzen und des Kapitalbedarfs bei hoher Innovationsrate geführt werden. Eine unternehmensinterne hohe Fertigungstiefe hat bei einer hohen Innovationsrate einen sehr hohen Kapitalbedarf, um in allen Stufen (in allen Fertigungsschritten) technologisch auf der Höhe der Zeit zu bleiben. Dieser Kapitalbedarf kann aus den Gewinnen des Unternehmens finanziert werden, doch mit steigender Innovationsgeschwindigkeit stößt diese Möglichkeit an ihre Grenzen. Damit ist eine Fremdfinanzierung dieser Investitionen notwendig. Angesichts der verschärften Risikodiskussion bei den Banken stößt nun auch die Fremdfinanzierung an ihre Grenzen. Die Lösung beider ökonomischen Kräfte liegt in der Konzentration auf die sogenannten **Kernkompetenzen**, d. h. auf einen Ausschnitt der Lieferkette, in denen das Unternehmen eine einzigartige und schwer zu limitierende Leistung erstellt und anbietet. Damit ist das Unternehmen bei geringer Inanspruchnahme des Kapitalmarktes technologisch immer auf der Höhe der Zeit. Hinzu kommt, dass die verbesserten logistischen Transfermöglichkeiten und der Abbau der Handelshemmnisse diesen Anstieg der Arbeitsteiligkeit für die weltweit tätigen Unternehmen unterstützt haben.

Beide Argumentationsstränge begründen damit, dass die heutigen globalen Lieferketten extrem arbeitsteilig organisiert sind, ohne zu hohe Transaktionskosten aufzubauen. Nach der Entscheidung des Fremdbezugs (Buy-Entscheidung) ist nun die Mengenplanung vorzunehmen und damit die Höhe der Bestände festzulegen.

c. Bestände als Entscheidungsproblem

Die Bestände treten in allen Stufen der Lieferkette auf und liegen in Form von Rohstoffen, Hilfsstoffen, Betriebsstoffen und unfertigen/fertigen Erzeugnissen vor. Hierfür fallen Kapitalbindungskosten an. Diese Bestände haben auf der anderen Seite auch konkrete Funktionen, die für die Funktionsweise der Lieferkette notwendig sind:

- Versorgungsfunktion: Bestände sichern die sofortige Auftragsabwicklung ohne zusätzliche Produktion

- Lieferzeitverkürzungsfunktion: Bestände sichern die sofortige Auslieferung und damit kurze Lieferzeiten

- Pufferfunktion (Auffangfunktion): zeitliche Zwischenpuffer sichern effizientere Folgeprozesse

- Postponementfunktion: Bestände werden zwecks der auftragsbezogenen Entscheidung der Weiterverarbeitung zurückgehalten

- Spekulationsfunktion: Bestände gewinnen mit der Zeit an Wert

- Reifefunktion: Bestände verändern die physikalisch-chemisch-funktionalen Eigenschaften

Das Bestandsmanagement hat nun das Ziel, die im Unternehmen vorhandenen Lagerbestände (und damit die Kapitalbindung) und die Aufrechterhaltung der oben genannten Funktionen gemäß den Zielen des Unternehmens in einen Ausgleich zu bringen. Das Bestandsmanagement hat in den letzten Jahrzehnten einen Wechsel erfahren: so standen hohe Lagerbestände für eine sichere Zukunft des Unternehmens. Angesichts der Engpässe bei der Produktion und der Materialbeschaffung haben hohe Bestände die Produktion garantiert und damit dem Kunden die Wertschöpfung gesichert. In der heutigen Zeit werden Bestände als Ausdruck einer ineffizienten Organisation der Lieferkette angesehen. Die Reduzierung der Kosten (Kapitalbindung) sichert heute die Flexibilität und Beweglichkeit im dynamischen Wettbewerbsumfeld. Die geringen Bestandshöhen sind durch kurzfristige bedarfsbezogene Beschaffungen auf der Grundlage einer leistungsfähigen Einkaufsorganisation und einer agilen Logistik auszugleichen. Die Bestandshöhen sind anschließend im Rahmen der Mengenplanung konkret festzulegen. Hierauf wird im weiteren Verlauf eingegangen. Doch zunächst werden die Bestände als Wert thematisiert.

i. Bestände als Wert

Die Bestände eines Unternehmens sind in der Bilanz gemäß § 266 HGB im Umlaufvermögen unter I. Vorräte auszuweisen. Sie sind hinsichtlich (erstens) der Roh-, Hilfs- und Betriebsstoffe, (zweitens) der unfertigen Erzeugnisse und unfertigen Leistungen, (drittens) der fertigen Erzeugnisse und Waren und (viertens) der geleisteten Anzahlungen zu differenzieren.

Dieser Bestandswert ist nun hinsichtlich zweier weiterer Eigenschaften zu analysieren, welche durch einen Eurobetrag in der Bilanz nicht ersichtlich sind. Die Analyse hat hinsichtlich der beiden Kriterien zu erfolgen:

- der Auftragsbezogenheit der Bestände für die weitere Wertschöpfung des Unternehmens und

- der Altersstruktur der Bestände.

Anschließend empfiehlt es sich, die Bestände eines Unternehmens hinsichtlich des Eigentums zu analysieren. Hierbei kann zwischen dem Lagerkauf ('Zug um Zug') und dem Konsignationslager ('Kauf in einer juristischen Sekunde') unterschieden werden. Durch diese Analysen wird das Profil der Bestände für den Entscheidungsträger differenziert dargestellt.

Die Höhe der Bestände drücken sich in den sogenannten Kapitalbindungskosten aus. Die Kapitalbindungskosten ergeben sich aus der Dauer der Bindung des Kapitals und einem Kapitalkostensatz für jedes beschaffte Gut.

Zur **Dauer**: Die Kapitalbindung beginnt mit dem Zeitpunkt, in dem die einzelnen beschafften Güter bei den Lieferanten bezahlt werden. Die Kapitalbindung endet mit dem Zeitpunkt in dem die eingesetzten beschafften Güter als Teil des Endproduktes des Unternehmens an einen Kunden verkauft und dieser die Rechnung beglichen hat. Die Zeit der Kapitalbindung umfasst damit den Zeitraum ab dem Zahlungszeitpunkt an Lieferanten, während einer eventuellen Lagerzeit vor der Produktion, während der Produktion, während einer eventuellen Lagerzeit nach der Produktion bis zum Zeitpunkt des Begleichens der Kundenrechnung.

Zum **Kostensatz**: Die Bewertung der beschafften Güter ergibt sich aus dem Einkaufspreis (Bruttoeinkaufspreis abzüglich direkter Rabatte) zuzüglich der direkten Warenbezugskosten (zum Beispiel Kosten für den Transport, Versicherung und Zoll).

Die Kapitalbindungskosten können nun im Materialmanagement durch die Einflussnahme auf beide Größen beeinflusst (hier: reduziert) werden. Abbildung 4.1 zeigt diese Wirkungen graphisch an, indem drei Maßnahmen ergriffen werden:

42

- 1. durch Maßnahmen der verspäteten Zahlung an Lieferanten, der beschleunigten Bereitstellung für die Fertigung, des beschleunigten Flusses durch die eigene Produktion und der beschleunigten Bereitstellung für den Kunden

- 2. durch Maßnahmen der Reduzierung der Einkaufspreise

- 3. durch Maßnahmen der beschleunigten Zahlung der Kunden

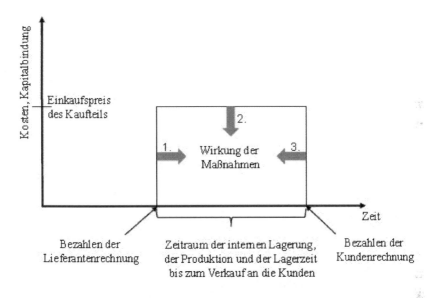

Abbildung 4.1: Kapitalbindung und Wirkung der Maßnahmen

Auf der Grundlage eines zehn- bis 15-prozentigen Anteils des Umlaufvermögens am Umsatz in der Bilanz und einem unterstellten Kapitalkostensatz von 8,4 % würden sich rechnerisch Kapitalkosten zwischen 0,84 und 1,3 % vom Umsatz ergeben. Dies ist angesichts einer Umsatzrendite von 3 - 10 % ein relativ hoher Anteil und bietet Gründe, die Kapitalkosten eines Unternehmens (und in der Lieferkette) effizienter zu gestalten. Die Kapitalkosten müssen als Minimum nicht den Wert Null aufweisen, sondern sie können auch negative Werte annehmen.

Das Einkaufsmanagement hat das Ziel der Minimierung der Kapitalbindung allerdings nicht als oberstes Ziel anzusehen, sondern es hat die Kapitalbindung im Zusammenspiel weiterer Einkaufsentscheidungen festzulegen. Das Ziel der Minimierung der Kapitalbindung weist Zielkonflikte zu folgenden Bereichen auf:

- Kapitalbindungskosten versus Versorgungssicherheit
- Kapitalbindungskosten versus Produktvielfalt
- Kapitalbindungskosten versus Transportkosten

Die Minimierung der Kapitalbindungskosten ist mit geringen Lagerbeständen zu erreichen. Hierbei ist bei unsicheren Nachfrageverläufen die Versorgungssicherheit nicht immer gegeben. Vergleichbar können die Kapitalbindungskosten durch ein eingeschränktes Produktspektrum reduziert werden, indem weniger Varianten eine höhere statistische Versorgungssicherheit begründen. Dem stehen die geringeren Marktchancen eines eingeschränkten Produktspektrums gegenüber. Ferner führen geringere Bestände zu häufigeren Eiltransporten, so dass auch hier ein Zielkonflikt besteht.

ii.   Mengenplanung

Zwei Aspekte dienen einer ersten Unterscheidung:

- Kennzeichen der Beschaffungsgüter: Die benötigen Güter haben eine unterschiedliche Bedeutung für das einkaufende Unternehmen. So unterscheiden sich die Güter im Wert, in der Menge, im Volumen oder in der Wahrnehmung durch die Kunden des einkaufenden Unternehmens. Hier kann durch eine ABC-Analyse (Basis: relevantes Kriterium) eine Trennung nach Wichtigkeit vorgenommen werden und der Fokus auf die A-Artikel gelegt werden.

- Durchlauf der Güter in der Lieferkette: Die Mengenplanung des Einkaufs basiert auf dem Bedarf des Unternehmens. Da der abnehmende ‚Nachbar' des Einkaufs die Produktion ist, basiert die Mengenplanung auf der Grundlage der Produktionsplanung des Unternehmens. Diese wiederum richtet sich am Primärbedarf des Unternehmens aus, d. h. an den Nachfragemengen der Kunden des einkaufenden Unternehmens. Aus diesen Absatzmengen wird nun über eine Stückliste der Sekundärbedarf (Bedarf der Komponenten) ermittelt. Hierbei handelt es sich noch um Bruttobedarfe. Im Abgleich mit den Lagerbeständen ergeben sich aus dem Bruttobedarfen der einzelnen Komponenten dann deren Nettobedarfe. Diese Nettobedarfe sind für eine gegebene Make-or-Buy-Situation die Grundlage für die eigene Fertigung und den Einkauf. Diese einzukaufenden Nettobedarfe stellen für den Lieferanten nun seinen Bruttobedarf dar. Er wird seinerseits die gleichen Rechenschritte (vom Brutto-Primärbedarf über die Stückliste zum Sekundärbedarf und im Abgleich mit den Lagerbeständen zu seinem Nettobedarf) vornehmen wie das eigene Unternehmen.

Für die Ausgestaltung einer Bestellmenge ist nun die jeweilige Beschaffungssituation ausschlaggebend. Es werden folgende Situationen unterschieden:

- Statischer und kontinuierlicher Mengenbedarf
- Mengenbedarf für eine Just-in-Time Produktion des eigenen Unternehmens
- Mengenbedarf im Rahmen der Kanban Nachschubsteuerung
- Mengenbedarf für eine einmalige Bedarfssituation

Für diese vier folgenden Situationen werden im folgenden Hinweise zur Mengenentscheidung erläutert.

Exkurs: Optimale Bestellmenge

Die Bestimmung der optimalen Bestellmenge anhand der Andler'schen Bestellmengenformel ist ein Klassiker der Materialwirtschaft. Hierbei wird das Ziel der Minimierung der gesamten Bestellkosten angestrebt. Diese setzen sich aus der Summe der fixen und variablen Bestellkosten in Abhängigkeit der Bestellmenge zusammen. Die Berechnung basiert auf einer Reihe von Annahmen:

- der periodische Verbrauch für die eigene Produktion ist bekannt und verläuft kontinuierlich

- die Wiederbeschaffungszeit beim Lieferanten ist gleich null

- der Einkaufspreis ist konstant

- der Zinssatz für die Kapitalkosten ist konstant

- es fallen fixe Kosten je Bestellung an

- es werden keine Fehlmengen und keine Mindestmengen betrachtet

Die fixen Bestellkosten sinken asymptotisch mit steigender Bestellmenge. Die Lagerhaltungskosten hingegen steigen linear mit steigender Bestellmenge an. Die minimalen gesamten Bestellkosten und auch die minimalen durchschnittlichen Kosten des Einkaufs lassen sich grafisch und mathematisch ermitteln. Bei der grafischen Ermittlung ergibt sich die optimale Bestellmenge aus dem Schnittpunkt der Funktion der Lagerhaltungskosten mit den fixen Bestellkosten (siehe Abbildung 4.2).

Die mathematische Ermittlung ergibt die Formel der bekannten optimalen Bestellmengen (X_{opt}) mit der Wurzel aus 200 multipliziert mit dem Jahresbedarf (Q) multipliziert mit den bestellfixen Kosten (Kb) dividiert durch die Kapitalbindungskosten (Produkt aus Preis (P) multipliziert mit dem Lagerzinssatz (Z)).

$$X_{opt}= \sqrt{\frac{200 \cdot Q \cdot Kb}{(P \cdot Z)}}$$

Die optimale Bestellhäufigkeit (h_{opt}) ergibt sich aus der Division des Jahresbedarfs (Q) durch die optimale Bestellmenge (X_{opt}):

$$h_{opt}= \frac{Q}{X_{opt}}$$

Der Verlauf der Gesamtkosten zeigt, dass bei einer höheren als der optimalen Bestellmenge die Gesamtkosten nur relativ flach ansteigen und bei einer geringeren als der optimalen Bestellmenge die Gesamtkosten relativ stark ansteigen. Insofern ist eine Erhöhung der Bestellmenge in der praktischen Umsetzung mit geringeren Kostenkonsequenzen verbunden als eine Reduzierung.

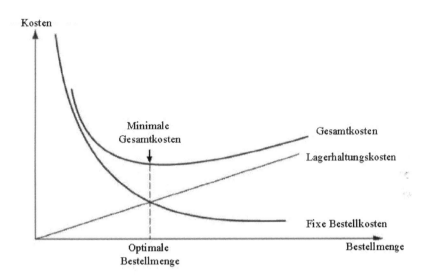

Abbildung 4.2: Grafische Bestimmung der optimalen Bestellmenge

Die Beurteilung der Andler'schen Bestellmengenformel lässt sich an den Prämissen festmachen. Es sind alle Kostengrößen bekannt und konstant. Fehlmengenkosten und Lieferzeiten der Lieferanten werden nicht betrachtet. Ebenso sind die bestellfixen Kosten unabhängig von der Bestellmenge, obwohl die Auslastung der Transportmittel (Full Truck Load, Stückgutverkehr) und die Füllgrade der Transporthilfsmittel (Container oder Palette) von der Bestellmenge abhängen. In der Praxis werden hierfür sogenannte Rundungskennzeichen in den Stammdaten je Artikel hinterlegt und im Falle einer Bestellung mit der Bestellmenge abgeglichen und jeweils auf- bzw. abgerundet. Des Weiteren kann der verfügbare Lagerraum, die maximale Lagerfähigkeit der Ware (bei verderblicher Ware), die Lieferfähigkeit des Lieferanten und die jeweilige Preissituation auf dem Beschaffungsmarkt die optimale Bestellmenge verändern.

47

Weiterentwicklungen der optimalen Bestellmenge sind in mehrfacher Hinsicht vorgenommen worden. Zwei Formen haben in der Praxis eine hohe Bedeutung erlangt. Es wird hierbei das Erreichens einer kritischen Bestandssituation (bedarfsbezogen) oder eines Zeitpunktes (terminbezogen) als Ausgangspunkt gewählt:

- Die **bedarfsbezogene** Bestellauslösung: Für den Fall schwankender Produktionsmengen kann der Bedarfszeitpunkt nicht durch die oben genannte statische Vorgehensweise bestimmt werden. In diesem Fall erfolgt eine Bestellauslösung, wenn eine kritische Bestandsgröße (s) erreicht ist. Diese kritische Bestandsgröße orientiert sich hierbei an der Lieferzeit des Lieferanten (der Wiederbeschaffungszeit des Artikels). Hierbei lassen sich zwei Varianten unterscheiden:

  (1) s,S-Politik: Bei Erreichen der kritischen Bestandsgröße (s) wird eine Bestellung in Höhe der Differenz zwischen dem kritischen Bestand und einem maximalen Sollbestand (S) ausgelöst oder

  (2) s,X-Politik: Bei Erreichen der kritischen Bestandsgröße (s) erfolgt die Auslösung einer definierten Bestellmenge X.

- Die **terminbezogene** Bestellauslösung: In regelmäßigen Terminschritten erfolgt eine Überprüfung des Lagerbestandes und in Abhängigkeit hierzu wird eine Bestellung ausgelöst. Es wird deshalb als Bestellrhythmusverfahren bezeichnet. Hierbei lassen sich zwei Varianten unterscheiden:

  (1) T,S-Politik: Bei jeder regelmäßigen Überprüfung (T) des Bestandes wird eine Bestellung in Höhe der Differenz zwischen dem aktuellen Bestand und einem maximalen Sollbestand (S) ausgelöst oder

  (2) T,X-Politik: Bei jeder regelmäßigen Überprüfung (T) des Bestandes erfolgt die Auslösung einer definierten Bestellmenge X.

Eine wesentliche Einflussgröße der Ermittlung der Bestellmenge spielen die Unsicherheiten, insbesondere die Unsicherheiten bei der Bedarfsermittlung und die Unsicherheiten bei der Wiederbeschaffungszeit. Dies kann in beiden Fällen zur Folge haben, dass der Warenbestand nicht mehr für die Belieferung der eigenen Produktion ausreicht. Als Folge müsste die Produktion unterbrochen werden. Dies hätte Kostenkonsequenzen in der Produktion und eventuell gegenüber den Kunden des Unternehmens zur Folge (siehe Kosten des EK 3). Aus diesem Grunde werden **Sicherheitsbestände** aufgebaut, die einerseits Kapitalbindungskosten verursachen, um auf der anderen Seite die genannten Opportunitätskosten zu vermeiden. Es ist hierbei nicht ausgeschlossen, dass dieser Sicherheitsfall nie eintritt und den erhöhten Kapitalbindungskosten nie der Krisenfall gegenübersteht. Auf der anderen Seite kann das Niveau der Sicherheitsbestände zu knapp bemessen sein und trotzdem eine dramatische Krisensituation verursachen.

Eine extrem sicherheitsbezogene Methode besteht darin, die maximal denkbare Unsicherheit in Bestellmengen umzurechnen. Dies führt zu einem enormen Anstieg der Kapitalbindungskosten und unterstellt, dass hierfür die Lagerkapazität und die Lagerfähigkeit gegeben sind. Doch ein absoluter Schutz ist nicht gegeben, denn auch der denkbar unsicherste Fall könnte Realität werden. Beispiele an Umweltkatastrophen zeigen dies. Die Auswertung statistischer Schwankungsbreiten und deren Umrechnung in Bestellmenge unterliegen den gleichen Nachteil. Sollte ein geringeres Sicherheitsniveau (zum Beispiel ein 95-prozentiges Niveau) abgesichert werden, so ist in 5 % der statistischen Fälle der Krisenfall zu kalkulieren. Somit ist die Festlegung des Sicherheitsniveaus eine echte Managemententscheidung mit gegebenenfalls hohen Kostenkonsequenzen.

Exkurs: Bestellmenge beim Just-in-Time Nachschub

Bei der Bereitstellung fremdbezogener Güter im Rahmen eines Just-in-Time Nachschubs werden die fremdbezogenen Güter fertigungssynchron beim Lieferanten hergestellt und zum einkaufenden Unternehmen geliefert. Die Bestellmenge entspricht hierbei genau dem Sekundärbedarf, der während der betrachteten Produktionszeit anfällt. Ein Lagerbestand wird nicht vorgehalten, und somit ist eine Brutto-Nettorechnung nicht notwendig. Es wird deutlich, dass diese Form der Ermittlung der Bestellmenge nicht in der eigentlichen Ermittlung der Menge, sondern in der Vorbereitung der Synchronisierung der beiden Produktionen besteht.

In einem Stufenkonzept zwischen Einkauf und Lieferant werden langfristige Bedarfsprognosen und Kapazitätsprognosen schrittweise detailliert, sodass für eine konkrete Produktionssituation (zum Beispiel Tagesproduktion oder Produktion in der nächsten Stunde) die Bestellmenge abgerufen werden kann. Der enge Informationsaustausch in dieser Kaskade ist eine Grundbedingung, dass der Lieferant in konkreten Bestellsituation (Abrufsituation) auch produktions- und lieferfähig ist. Sämtliche Prozessschritte des Auftragszyklus werden hinsichtlich ihrer Notwendigkeit und Effizienz untersucht. So kann durch die räumliche Nähe des Lieferanten (zum Beispiel in einem Lieferantenpark), durch die Übernahme von Auftragsabwicklungsfunktionen durch den Einkauf (zum Beispiel Produktionsauslösung) und durch den Einsatz integrierter Softwareanwendungen auch eine sehr knapp bemessene Lieferzeit realisiert werden.

Exkurs: Bestellmenge beim Kanban Nachschub

Die Kanban (japanisch: Karte) Nachschubsteuerung basiert auf dem Grundgedanken, dass beim produzierenden Unternehmen und beim Lieferanten geringe Lagerbestände vorhanden sind. Diese Bestände sind in definierten Verpackungseinheiten gelagert. Ist nun in der Produktion des eigenen Unternehmens der Lagerbestand vollständig eingesetzt worden, wird die Kanbankarte, die an jeder Verpackungseinheit angebracht ist, entnommen und zum Lieferanten geschickt. Mit dieser Kanbankarte wird eine Bestellung in genau einer Verpackungseinheit ausgelöst. Auf der Karte sind zudem der Lieferant und der Empfänger angegeben. Mit dem Erhalt der Kanbankarte wird eine Verpackungseinheit an den Empfänger übermittelt. Dieses Verfahren organisiert einen kontinuierlichen auftragsbezogenen Nachschub (Pull) auf eine sehr effiziente Art und Weise. Mit dem Einrichten einer Lieferkette und dem Definieren der Verpackungseinheiten ist das Kanbansystem einsatzfähig. Spezielle Softwareinstallationen oder Schulungen sind nicht notwendig, auch wenn dies heute auch elektronisch (e-Kanban) abgewickelt werden kann.

Da jede Karte genau einem Behälter (Verpackungseinheit) entspricht, ist die Bestellmenge genau eine Behältereinheit. Die Anzahl der Kanbankarten im System ergibt sich aus der Produktionsmenge in der Wiederbeschaffungszeit (durchschnittliche Nachfrage pro Tag multipliziert mit der Wiederbeschaffungszeit in Tagen) und dividiert durch die Stückzahl pro Behälter. Beträgt die durchschnittliche Nachfrage pro Tag 100 Stück, die Wiederbeschaffungszeit vier Tage und die Stückzahl pro Behälter 50 Stück so wären insgesamt 8 (=100*4/50) Kanbankarten notwendig. Auch hier kann über eine mögliche statistische Unsicherheit ein Sicherheitsbestand notwendig sein.

Exkurs: Mengenbedarf für eine einmalige Bedarfssituation

Für eine einmalige Bedarfssituation, zum Beispiel die Anschaffung von Büroausstattung oder von Fertigungsanlagen, ergibt sich der Mengenbedarf nicht aus einer kontinuierlichen Produktionssituation. Die Mengenfeststellung hierbei erfolgt im Rahmen der Bedarfsermittlung für das Unternehmen. Inwiefern logistisch eine sinnvolle Aufspaltung des Einmalbedarfs vorzunehmen sind ist in der Logistikplanung festzulegen. Eine eigentliche Mengenplanung findet nicht statt. Dieser Fall ist nur der Vollständigkeit halber genannt.

iii.   Strategische Aspekte der Materialwirtschaft

Die oben genannten Mengenplanungen für die optimale Bestellmenge, die Just-in-Time Anlieferung und die Kanban Nachschubsteuerung betrachten eine Planungssituation innerhalb der Materialwirtschaft. Dennoch besteht Abstimmungsbedarf mit angrenzenden Planungsbereichen und Entscheidungsfeldern. Auf drei strategische Aspekte wird im Folgenden eingegangen:

- **Verfügbarkeiten**: Die Verfügbarkeit von Materialien oder Rohstoffen wird den oben genannten Planungen unterstellt. Dies ist jedoch aus verschiedenen Gründen nicht immer gegeben. Auf der einen Seite kann Material, insbesondere bestimmte Rohstoffe, knapp werden oder

51

zeitlich nicht verfügbar sein. Eine Bestellung bei einem Lieferanten würde dann ins Leere laufen. Als ein Beispiel kann die Flutkatastrophe in Japan im Jahre 2011 genannt werden, die in Fukushima sämtliche Produktions- und Lagerstätten zerstört hat. Weitere Beispiele liefern der Airbag-Lieferant Takata im Jahre 2015 und ein Samsung Smartphone im Jahre 2016. In diesen Fällen sind aus strategischer Sicht die Verfügbarkeiten für kritische Artikel sicherzustellen. Dies erfolgt nicht über eine reine Mengenplanung, sondern über die Auswahl des Produktions- und Liefernetzwerkes innerhalb der Supply Chain.

- **Konstruktion der Bauteile**: Mit der Konstruktion der Bauteile wird die Stückliste und damit auch die Anforderungen an die Lieferanten festgelegt. Diese bilden Eckdaten für die Materialwirtschaft des Einkaufs. Dem Einkauf eröffnen sich durch neue Materialien oder durch neue konstruktive Alternativen weitere Möglichkeiten der Beschaffung. Hier ist der Einkauf idealerweise frühzeitig in die Produktentwicklung mit einzubeziehen, um diese zusätzlichen Möglichkeiten schon in der Phase der Produktentwicklung zu beurteilen und als Feedback an die Produktentwicklung zurückzuspiegeln. Je später die Einbeziehung des Einkaufs in die Phasen der Produktentwicklung erfolgt, desto geringer ist das Handlungsfeld des Einkaufs im Rahmen der Materialwirtschaft. Crossfunktionale Teams aus Produktion, Entwicklung und Einkauf ermöglichen hier frühzeitig die Schaffung weiterer Vorteile für das Unternehmen.

- **Gesetzliche/ethische Anforderungen**: Die Organisation der Lieferkette erfolgt heute nicht nur im Rahmen von Lieferservice und Kosten. Eine Vielzahl ethischer Anforderungen ist im Laufe der Zeit als gesetzliche Grundlage manifestiert worden und für den Einkauf im Rahmen des Compliance verbindlich. Diese Standards basieren weltweit auf den United Nations Global Compact und umfassen Regelungen zu den Menschenrechten, den Arbeitsnormen, dem Umweltschutz und der Korruptionsbekämpfung. Dabei sind diese Compliance-Regelungen nicht zwingend als europäische/deutsche Gesetze definieret

52

worden. Insbesondere die US-amerikanische und die britische Gesetz-
gebung haben. Regelungen mit globaler Wirkung beschlossen. Als
Beispiel können der US Dodd-Frank Wall Street Reform Consumer
Protection Act aus dem Jahre 2010 oder der UK Modern Slavery Act
aus dem Jahre 2015 genannt werden. Als Bestandteile globaler Produkte können demzufolge in den Vereinigten Staaten von Amerika
keine Artikel verkauft werden, wenn diese Goldbestandteile aus der
DR Kongo enthalten (Dodd-Frank Act) und für den Verkauf von Gütern im Vereinigten Königreich ist schon für mittelständische Unternehmen nachzuweisen, ob Sklavenarbeit in der kompletten Lieferkette stattgefunden hat. Angesichts der Globalisierung der Vertriebsaktivitäten kommt dem Einkauf eine strategische Bedeutung zu. Die
Konsequenzen einer Verletzung gesetzlicher Regelung in den USA
sind am Beispiel von Volkswagen deutlich zu sehen. Die Konsequenzen der UK-Regelung werden in Kürze sichtbar werden.

Diese Beispiele belegen, dass dem Einkauf heute als aktives Element
der Supply Chain nicht nur die Sicherstellung der Bestellabwicklung (am
Beispiel der Verfügbarkeiten) obliegt, sondern auch über die Hebelwirkung des Einkaufs (zum Beispiel der Konstruktion der Bauteile) und die
strategische Bedeutung (am Beispiel der Einhaltung von Compliance-Regelungen) eine zentrale Rolle innerhalb des Managements des Unternehmens einnimmt.

5. Lieferantenmanagement

a. Überblick über die Aufgaben des Lieferantenmanagements

Das Lieferantenmanagement ist neben dem Management der Lieferantenbeziehungen und dem Management der Einkaufsorganisation die dritte Säule des Einkaufsmanagements. Im Folgenden wird nun das Lieferantenmanagement beschrieben und hierzu in Einzelaufgaben untergliedert. Es ist auch in den Lehrbüchern und der Forschung zum Einkaufsmanagement bei Johnson et al. (2011), Krampf (2014), Large (2009), Lysons/Farrington (2012) und van Weele (2014) das zentrale Thema.

Im Folgenden wird im Wesentlichen das strategische Lieferantenmanagement erörtert, welches dann die Grundlage für die lieferantenbezogenen Prozesse darstellt.

Das **strategische Lieferantenmanagement** wird in dieser Arbeit durch folgende drei Managementaufgaben beschrieben:

- Management der Lieferantenstruktur
- Management der Lieferantenbeziehungen
- Lieferantenbewertung

Das Management der **Lieferantenstruktur** legt die Zusammensetzung der Lieferanten fest. Es wird dabei nicht nur jeder einzelne Lieferant entschieden, sondern die Zusammensetzung aller Lieferanten in Bezug auf das einkaufende Unternehmen. Vor diesem Hintergrund lassen sich dann auf einer operativen Ebene Einzelentscheidungen zu Lieferanten treffen.

Das Management der **Lieferantenbeziehungen** legt die grundsätzliche Art und Weise der Zusammenarbeit fest. Lieferantenbeziehungen sind gestaltbar und diese Gestaltung sollte sich an den Zielen des Unternehmens orientieren. Vor diesem Hintergrund lassen sich dann auf einer operativen Ebene die einzelnen Lieferantenbeziehungen konkret ausgestalten.

Die **Lieferantenbewertung** wird hier als separater Punkt herausgestellt, auch wenn dies nur einen Ausschnitt mit einer fokussierten Managementaufgabe darstellt. Es soll damit deutlich gemacht werden, dass die Messung der Leistungsfähigkeit von Lieferanten eine spezielle Thematik mit besonderer Bedeutung darstellt.

Diese drei Themenfelder sind interdependent: das Management der Lieferantenstruktur basiert auf der Lieferantenbewertung. Zudem beeinflusst die Lieferantenbewertung auch die Lieferantenbeziehung. Und es dürfte unbestritten sein, dass auch die Lieferantenstruktur Einfluss auf die Lieferantenbeziehungen hat. Im Folgenden werden die Themenfelder der Lieferantenstruktur erörtert.

b. Lieferantenstruktur

Das Management der Lieferantenstruktur (synonym: Lieferantenportfolio, Lieferantenstamm) wird vor dem Hintergrund der Prozessschritte zur Bildung dieser Struktur erörtert. Es ist die Aufnahme und die Steuerung des Lieferantenstamms festzulegen. Anschließend erfolgt eine Diskussion von drei in der Literatur weit verbreiteten Lieferantenstrukturen.

Das Management der Lieferantenstruktur und das Management der Lieferantenbeziehungen lassen sich auch anhand des Lebenszyklus der Lieferanten beschreiben. In der **Phase 1** der Lieferantenaufnahme werden zunächst potenzielle neue Lieferanten gesucht und identifiziert. Es wird hierbei unterstellt, dass es Bedarf an neuen Lieferanten gibt. Diese werden dann auf der Grundlage relevanter Kriterien bewertet, ausgewählt und ins Portfolio aufgenommen. Mit der Aufnahme ist der Lieferant Teil des Liefernetzwerkes (Portfolios).

In der **Phase 2** werden die aufgenommenen Lieferanten aufgebaut, entwickelt, gesteuert oder aus dem Lieferantenstamm ausgeschlossen. Ist ein Lieferant ins Portfolio aufgenommen, so beginnt die Zusammenarbeit. Die Lieferanten werden weiterentwickelt und die Zusammenarbeit intensiviert. Hierbei werden die Lieferanten regelmäßig bewertet und damit die Grundlage der Lieferantensteuerung geschaffen. Gegebenenfalls wird die Beziehung mit dem Lieferanten bei Vorliegen bestimmter Gründe beendet. Die folgende Auflistung zeigt die beiden Phasen mit jeweils vier Teilschritten:

Phase 1: Lieferantenaufnahme

a.   Lieferantensuche (Identifikation)

b.   Lieferantenanalyse

c.   Lieferantenbewertung (Neubewertung)

d.   Lieferantenauswahl (Entscheidung des Portfolios)

Phase 2: Lieferantenbeziehungen

a.   Lieferantenaufbau

b.   Lieferantenentwicklung (Lieferantenförderung)

c.   Lieferantensteuerung (regelmäßige Bewertung)

d.   Beenden der Lieferantenbeziehungen

Im Folgenden werden die zwei Phasen mit den insgesamt acht Teil-schritten erläutert:

Phase 1:

Schritt 1a: Lieferantensuche

Der Schritt 1a der Lieferantensuche stellt den Beginn aller Aktivitäten dar. Die Anlässe zur Suche neuer Lieferanten sind durchaus vielfältig: so kann ein zusätzlicher Materialbedarf mit den bestehenden Lieferanten nicht mehr gedeckt werden oder bestehende Lieferanten sind derzeit nicht lieferfähig. Diesen operativen Anlässen stehen die strategischen Anlässen gegenüber. Als Beispiele können neu aufkommende Risiken in bestimm-ten Beschaffungsländern, neue Materialien oder neue Fertigungstechnolo-gien, neue Entwicklungs-/Investitionsprojekte oder steigender Kosten-druck/Wettbewerbsdruck, dem die bisherigen Lieferanten nicht gewachsen sind, genannt werden.

Der Einkauf hat nun konkrete Schritte einzuleiten, um eine Suche anzu-stoßen und eine erste „lange" Lieferantenliste zu erstellen:

▪   die Entscheidung zur Notwendigkeit neuer Lieferanten

- die Vorbereitung zur Suche neuer Lieferanten
- die Einzeltätigkeiten der Suche
- das Erstgespräch mit den potentiellen Lieferanten
- die Vereinbarungen beim Erstgespräch

Die Suche neuer Lieferanten hat sich bei Vorliegen konkreter Gründe an genau diesen Gründen zu orientieren. Denn die neuen Lieferanten sollen im Sinne des Bedarfs effektiv sein. Damit ist die Suche neuer Lieferanten auch immer vom Einzelfall abhängig. Die Kriterien, denen der neue Lieferant zu genügen hat, sind für die weiteren Schritte messbar darzustellen (bei wirtschaftlich vertretbaren Aufwand der Messung).

Im Vorfeld einer direkten Kontaktaufnahme vor Ort beim Lieferanten können auch Informationen von Verbänden, von Informationsdienstleistern und aus dem Internet eingeholt werden. Durch diesen Prozess der Informationsgewinnung können neue potenzielle Lieferanten identifiziert werden. Zudem kann auch ein Lieferant durch seine Kommunikationsmaßnahmen auf sich aufmerksam machen und dadurch Ansatzpunkte liefern, sich mit diesem Lieferanten zu beschäftigen. Oder der Lieferant ist aus früheren Lieferantensuchen schon bekannt.

Im Ergebnis sollte der Einkauf eine Liste potentieller Lieferanten vorliegen haben. Es gilt diese nun hinsichtlich des Suchzwecks zu beurteilen.

Schritte 1b: Lieferantenanalyse

Der Schritt 1b der Lieferantenanalyse beschreibt die Gewinnung von Informationen zu den Lieferanten. Diese Informationsquellen sind vielfältig und können auch vielfältig genutzt werden. Der direkte Kontakt mit dem direkten Gespräch mit dem Lieferanten, die Durchführung von Audits und das Einholen einer Selbstauskunft sind Wege, um Informationen direkt zu erhalten. Entscheidend ist hierbei, dass sich die Kriterien nicht nur an allgemeinen Kriterien der Lieferantenbeurteilung orientieren, sondern den konkreten Suchzweck mit abbilden. Zu den allgemeinen Kriterien zählen die Merkmale, die alle Lieferanten des Unternehmens aufweisen sollten (müssen). Diese können, sofern sie in einem Erstgespräch nicht zur Sprache gekommen sind, in einem Folgegespräch oder mit Folgemaßnahmen erhoben werden. Im Ergebnis sollten nun die relevanten Informationen zu jedem Lieferanten vorliegen.

Schritt 1c: Lieferantenbewertung

Die Kriterien des Einkaufs zur Bewertung der Lieferanten basieren auf der Wertschöpfung des einkaufenden Unternehmens und dem Beitrag, den die Lieferanten für die Unternehmenswertschöpfung leisten sollen. Dies schließt den Grund für die konkrete Besuchssituation explizit mit ein. Letztendlich sind damit die Erfolgskriterien des Geschäftsmodells die Grundlage der Beurteilung dieses Beitrags der Lieferanten. Der Beitrag des Lieferanten wird dann in konkrete Bewertungskriterien umgesetzt. Die Beiträge, die einzelnen Lieferanten leisten, können dabei sehr unterschiedlich sein. Lieferanten mit einem Innovationsbeitrag sind anders zu beurteilen als Lieferanten von Standardkomponenten. Diese Beiträge der Lieferanten machen die Wichtigkeit für das einkaufende Unternehmen aus. Wichtig bedeutet demzufolge „wichtig für die Wertschöpfung des eigenen Unternehmens".

Folgende Beispiele mögen dies verdeutlichen: besteht die Wertschöpfung des eigenen Unternehmens in einer dauerhaft hochwertigen Qualität der gefertigten Produkte, so kann der Beitrag der Lieferanten durch den Einsatz der neuesten technischen Entwicklungen und eine fehlerfreie Produktion beschrieben werden. Als mögliche Beurteilungskriterien sind dann die Innovationsfähigkeit und die Prozessqualität heranzuziehen. Besteht die Wertschöpfung des eigenen Unternehmens andererseits in der Erstellung kundenindividueller Angebote, so kann der Beitrag der Lieferanten durch die Lieferung verschiedenster Komponenten in kurzer Zeit beschrieben werden. Als mögliche Beurteilungskriterien sind dann die Schnelligkeit und das Lieferspektrum heranzuziehen. Besteht die Wertschöpfung des eigenen Unternehmens in der Lieferung preisgünstigster Komponenten bei einem akzeptierten Qualitätsniveau, so kann der Beitrag der Lieferanten durch günstigste Komponentenpreise beschrieben werden. Als mögliche Beurteilungskriterien sind dann der Komponentenpreis, die Total Cost of Ownership und das Qualitätsniveau heranzuziehen.

In dem konkreten Schritt der Lieferantenbewertung werden nun die Lieferanten in eine ordinale Rangfolge hinsichtlich der Beurteilungskriterien gebracht. Im einfachsten Fall ist diese Rangfolge widerspruchsfrei hinsichtlich aller Kriterien prinzipiell für jedes einzelne Kriterium möglich, jedoch entstehen für sämtliche Kriterien widersprüchliche Reihenfolgen. Beispielsweise ist für das Kriterium ‚Lieferzeit' das Unternehmen A besser geeignet als das Unternehmen B. Andererseits ist für das Kriterium ‚langfristige Kostenentwicklung' das Unternehmen B besser geeignet als das Unternehmen A. In diesen Fällen hat der Einkauf diesen Zielkonflikt durch eine Priorisierung der Entscheidung aufzulösen.

Die Liste möglicher wichtiger Kriterien bringt die Vielzahl der Erfolgsmerkmale eines Unternehmens zum Ausdruck. Hierbei werden bestimmten Merkmalen für die Zukunft eines Unternehmens höhere Erfolgschancen zugesprochen als anderen Merkmalen. Oder bestimmten Merkmalen für die Zukunft eines Unternehmens werden höhere Erfolgschancen zugesprochen als die bisherigen Merkmale. In diesem Fall sind Strategieanpassungen (Portfolioanpassungen) der Lieferanten notwendig. Als Gründe für derartige Anpassungen können neue Wettbewerbsbedingungen, attraktivere Beschaffungsmärkte oder geänderte Kundennachfrage genannt werden. Ebenso ist es möglich, dass durch Länderbewertungen bisherige Lieferantengruppen ausscheiden oder sich bestimmte Lieferanten weiterentwickelt haben oder sich neue Produktionstechnologien entwickelt haben und bisherige Technologien als veraltet eingestuft werden. Aus diesem Grunde ist es notwendig, die Entwicklungen der kompletten Lieferkette regelmäßig aus Sicht des Einkaufs zu analysieren und zu bewerten, um hieraus Rückschlüsse für das Lieferantenportfolio zu ziehen.

Der Wechsel eines Lieferantenportfolios ist in der Regel kein kurzfristiger Prozess. Selbst wenn es möglich sein sollte, zu einem Stichtag sämtliche Lieferantenbeziehungen zu beenden und nach dem Stichtag sämtliche neuen Lieferantenbeziehungen zu starten, so ist von diesem Prozess abzuraten. Das Risiko, dass der neue Prozess sofort reibungslos funktioniert, ist angesichts der statistischen Einkaufstiefe als hoch einzustufen. Demzufolge ist zu überlegen, ob nicht die Auftragsvergabe schon an die neuen Lieferanten erfolgen sollte, ohne die bisherigen Lieferanten auszulisten. Gegebenenfalls kann das Beschaffungsvolumen der bisherigen Lieferanten reduziert werden. Erst wenn die Sicherheit der Lieferfähigkeit und des Beitrags für die Wertschöpfung bestehen, können die bisherigen Lieferanten in ihrem Volumen reduziert werden. Es ist deutlich, dass ein derartiger Wechsel einen erhöhten Aufwand in der Einkaufsorganisation bedeutet. Demzufolge kommt der Zusammensetzung des Lieferantenportfolios stets eine sehr hohe Bedeutung zu, da in der Folge diese zusätzlichen Aufwände für Portfolioänderungen schon mit ins Kalkül einzubeziehen sind.

Schritt 1d: Lieferantenaufnahme

Der abschließende Schritt ist die offizielle Aufnahme des Lieferanten in das Lieferantenportfolio. Hierzu zählen, dass die Entscheidung dem ausgewählten Lieferanten offiziell mitgeteilt wird und idealerweise auch den abgelehnten Lieferanten eine stichhaltige Begründung gegeben wird. Der ausgewählte Lieferant sollte seinerseits auch eine offizielle Rückbestätigung hierzu geben. Aus Sicht des Einkaufs sind nun in der Einkaufssoftware Freischaltungen des Lieferanten vorzunehmen, damit Aufträge nun auch offiziell geschrieben werden können. Aus Sicht des Lieferanten sind seinerseits auch notwendige Vorarbeiten zu leisten und vorzunehmen, damit die Auftragsannahme und Auftragsbearbeitung anschließend auch reibungslos (so wie vereinbart) erfolgen kann.

In der betriebswirtschaftlichen Literatur sind folgende drei Lieferantenstrukturen sehr breit diskutiert worden:

- Single oder Multiple Sourcing
- Traditional oder Modular Sourcing
- Local oder Global Sourcing

Diese drei Lieferantenstrukturen können auch als Materialstrategie im Rahmen des Materialmanagements diskutiert werden, wenn der Schwerpunkt auf dem Material liegt. An dieser Stelle werden die Aussagen auf den Lieferanten bezogen und demzufolge hier eingeordnet.

Die Entscheidung zum Single oder Multiple Sourcing bezieht sich auf die Anzahl der Lieferanten je Beschaffungsobjekt. Beim Single Sourcing erfolgt der Bezug eines Beschaffungsobjektes nur von einem Lieferanten. Beim Multiple Sourcing wird die Beschaffungsmenge auf mehrere Lieferanten aufgeteilt. Auch wenn die Anzahl der Lieferanten keinen unmittelbaren Beitrag zur Wertschöpfung darstellt, so können doch bestimmte Merkmale der Wertschöpfung mit der Anzahl der Lieferanten korrelieren.

Die Entscheidung zum Traditional oder Modular Sourcing bezieht sich auf die Merkmale der Beschaffungsobjekte. Beim Traditional Sourcing werden die Einzelteile der Beschaffungskomponente bestellt und beim Modular Sourcing wird die Beschaffungskomponente als Ganzes von einem Komponentenlieferanten bezogen. Auch hier erfolgt die Diskussion zum Beitrag der Lieferanten nur mittelbar und nicht unmittelbar.

Die Entscheidung zum Local oder Global Sourcing bezieht sich auf die Orte der Lieferanten. Zu unterscheiden sind hier die Orte der Verwaltungsaktivitäten der Lieferanten, die Orte der Entwicklungsaktivitäten der Lieferanten und die Orte der Produktionsaktivitäten der Lieferanten. Je nach Relevanz der Kriterien sind diese im Einzelfall heranzuziehen. Auch wenn diese keinen unmittelbaren Beitrag zur Wertschöpfung darstellen, so korrelieren doch bestimmte Merkmale der Wertschöpfung mit dem Ort der Lieferanten.

Exkurs zum Single oder Multiple Sourcing

Die Beschreibung der beiden Ausprägungen erfolgt hierbei jeweils anhand der Vorteile, denn die Vorteile der einen Ausprägung sind die Nachteile der anderen Ausprägung. Die vergleichende Analyse erfolgt an den Schritten des Auftragszyklus, welche in der folgenden Tabelle 5.1 zusammenfassend dargestellt ist.

Phasen im Auftrags-zyklus	Vorteile Single Sourcing	Vorteile Multiple Sourcing
Auftragsentscheidung	▪ Geringere Transak-tionskosten	▪ Geringerer Aufwand bei Lieferantenaus-wahl
Materialentscheidung	▪ Zuverlässigere Qualität	▪ Lieferengpässe bes-ser steuerbar
Lieferantenent-scheidung	▪ Langfristige Zu-sammenarbeit ▪ Höherer Innovati-onsbeitrag	▪ Risiken der Liefe-ranten ausgleichbar
Produktionsentschei-dung des Lieferanten	▪ Höhere Bestell-mengen ▪ Bessere Kapazi-tätsauslastung ▪ Geringere Durch-schnittskosten	▪ Störungen und Un-terbrechungen der Produktion besser aussteuerbar
Lagerhaltung des Lieferanten	▪ Geringere Kapital-bindung	▪ Unterschiedliche Faktorpreise wähl-bar
Transport vom Liefe-ranten zum Unterneh-men	▪ Höhere Auslastung der Transporte ▪ Bessere Planung der Transport-ströme	▪ Durch Dienstleister austauschbar
Warenübergabe	▪ Reduzierte eigene Bestände	▪ Höhere Versor-gungssicherheit

Tabelle 5.1: Vorteile des Single Sourcing und des Multiple Sourcing im Vergleich

Der Vergleich macht deutlich, dass beim Single Sourcing durch die Bündelung auf einen Lieferanten Kostenvorteile, Prozessvorteile, Innovationsvorteile und Zeitvorteile realisiert werden können. Diese Vorteile werden durch fehlende Flexibilität (Anpassungsfähigkeit) und höheres Risiko erkauft. Je nach Relevanz der einzelnen Kriterien kann dann eine Entscheidung begründet werden. Der hohe Wettbewerbsdruck und die hohe Innovationsdynamik sprechen eindeutig für die Konzentration auf einen Lieferanten. Die Abhängigkeit und das Risiko von diesem einen Lieferanten relativieren allerdings die Konzentrationsvorteile. Die Naturkatastrophen der letzten Jahre, eine Batterie bei Samsung oder die Lieferunterbrechungen der Prevent-Gruppe an Volkswagen im Sommer 2016 haben deutlich gemacht, dass mit Anfälligkeiten in der Lieferkette diese Konzentrationsvorteile kompensiert oder überkompensiert werden.

Exkurs zum Traditional oder Modular Sourcing

Beim Traditional Sourcing werden die fremd zu beziehenden Komponenten in seinen Einzelteilen bezogen. Dem beschaffenden Unternehmen kommt dann die Aufgabe zu, diese Einzelteile zu Komponenten zusammenzuführen und mit der eigenen Produktion zu einem Produkt fertig zu stellen. Für jedes Einzelteil sind eigenständige Lieferanten zu suchen, die Aufträge einzeln zu beauftragen, die Lieferbeziehungen einzeln auszugestalten und die Lieferbewertungen jeweils einzeln vorzunehmen. Demgegenüber werden beim Modular Sourcing die genannten Aufgaben an einen Modullieferanten (Systemlieferanten) vergeben, der dann seinerseits diese Einzelaufgaben übernimmt. Es wird deutlich, dass bei komplexen Produkten (zum Beispiel Automobile) und bei schnellen Innovationszyklen das Vorgehen des Traditional Sourcing zu einem hohen Aufwand in der Einkaufsorganisation führt. Die Konsequenzen für die eigene Produktionsplanung werden in dieser Arbeit nicht betrachtet.

Als Beispiele im Automobilbau kann das Modul Armaturenbrett oder das Modul Motor genannt werden. Im Rahmen der Endmontage werden dann die genannten Module komplett montiert an die Fertigung/Endmontage angeliefert. Die Module können durch eine produkt- oder produktklassenübergreifende Modulbildung noch übergreifender ausgestaltet werden (Deloitte, 2014). Der Modullieferant seinerseits hat dann die Aufgabe, die einzelnen Bauteile seines Moduls (zum Beispiel Heizelemente oder Anlasser) von seinen Lieferanten zu beziehen. Diese beschaffen ihrerseits von ihren Einzelteilelieferanten dann Schalter, Schläuche oder Spulen. Die einzelnen Vorteile der beiden Varianten sind in der Tabelle 5.2 zusammengefasst dargestellt. Insgesamt wird der Beschaffungsaufwand (und der Produktionsaufwand) beim Modular Sourcing für das einkaufende Unternehmen deutlich reduziert. Dem steht eine größere Abhängigkeit in technischer und finanzieller Hinsicht gegenüber.

Vorteile Traditional Sourcing	Vorteile Modular Sourcing
▪ Leichterer Lieferantenwechsel möglich ▪ Nutzung von Teilespezialisten ▪ Bessere Kontrolle jedes Lieferanten bessere Kontrolle der Lieferkette ▪ Preisverhandlungen mit jedem Teilelieferanten möglich und Preisvorteile einzeln erzielbar	▪ Geringerer Koordinationsaufwand in Einkauf und Produktion ▪ Konzentration auf Kernkompetenzen ▪ Erleichterte Beschaffung und erleichterte ▪ Beschaffungslogistik ▪ Delegation von Managementaufgaben an den Modullieferanten ▪ Bessere Innovationsleistung der Module ▪ Geringerer Kapitalbedarf

Tabelle 5.2: Die Vorteile des Traditional Sourcing und des Modular Sourcing im Vergleich

Exkurs zum Local oder Global Sourcing

Das Global Sourcing ist mit dem Öffnen der Weltmärkte nach 1990 populär geworden. Die Entwicklung der Exporte und der Importe haben sich nicht nur auf die Fertigprodukte für die Endkonsumenten bezogen, sondern auch auf die Module und Einzelteile der Endprodukte. Die globale Beschaffung hat im Gegensatz zur lokalen (oder zur nationalen oder zur europäischen) Beschaffung eine Reihe an Herausforderungen zu bewältigen. Das Global Sourcing hat sich folgenden offensichtlichen Herausforderungen zu stellen: größere Entfernungen zum Lieferanten, unterschiedliche Kultur der Lieferanten, unterschiedliche Wirtschaftsbedingungen und unterschiedliche Währungen. Neben diesen offensichtlichen Herausforderungen sind weitere Bedingungen in die Überlegungen zum Global Sourcing einzubeziehen:

- Notwendige Erfahrungen der Einkäufer mit den Lieferanten in diesen Ländern
- Chancen/Risiken durch Währungsschwankungen
- Umgang mit spezifische Leistungen der Lieferanten
- Kenntnis der Landeskultur und Sprache
- Risiko der politischen Stabilität
- Logistische Leistungsfähigkeit
- Kenntnis der Zollvorschriften/Handelsbeschränkungen
- Kenntnis der Besonderheiten der Vertragsgestaltung
- Kenntnis der internationalen Qualitätsstandards

Die lokale/nationale Beschaffung lässt sich auf der anderen Seite durch folgende Merkmale beschreiben: eine einheitliche Währung, ein nationales Handelsrecht, keine bestehenden kulturellen Unterschiede, kurze/mittlere Entfernungen zum Lieferanten und vergleichbare Rahmenbedingungen. Innerhalb der Europäischen Union sind durch die Prinzipien des freien Personen-, Güter- und Finanzverkehrs, des Euros als gemeinsame Währung und der Angleichung einer Vielzahl an Rahmenbedingungen Erleichterungen bei der internationalen Beschaffung möglich. Die Bestrebungen bei der Schaffung von weiteren Freihandelszonen (zum Beispiel TTIP) haben das Ziel, auch weitere Erleichterungen bei der internationalen Beschaffung zu schaffen. Auf die gesellschaftlichen Diskussionen solcher Freihandelszonen wird hier nicht eingegangen.

Angesichts der steigende Entwicklung der internationalen Exporte scheinen die Vorteile des Global Sourcing zu überwiegen. Die Bestrebungen der Schaffung weiterer Freihandelszonen machen allerdings deutlich, dass es noch spezielle Hindernisse in der internationalen Beschaffung gibt. Die Tabelle 5.3 stellt die Vor- und Nachteile des Global Sourcing zusammenfassend gegenüber.

Vorteile Global Sourcing	Nachteile Global Sourcing
▪ Kostenvorteile durch geringere Faktorkosten (Lohnkosten) ▪ Kostenvorteile durch geringere Produktionskosten ▪ Zugang zu internationalen Innovationen ▪ Zugang zu internationalem Know-how ▪ Zugang zu internationalen Absatzmärkten ▪ Umsetzung von sogenannten ‚Local Content' Vorschriften	▪ Höhere Beschaffungskosten: Transport, Zoll und Kapitalbindung während des Transports ▪ Höhere Beschaffungsrisiken (Umwelt, Politik, Währung, Transport, Qualität) ▪ Höhere Anfälligkeit der Lieferkette (Unterbrechung) ▪ Spezifische Vorbereitung zum kulturellen Verständnis und bei Verhandlungen ▪ Zusatzkosten bei der Anpassung der Einkaufsorganisation (Kultur, Sprache) ▪ Höherer Planungsaufwand (Vorbereitung und Abstimmung) ▪ Höherer Steuerungsaufwand der Lieferkette

Tabelle 5.3: Die Einkaufsvorteile und Einkaufsnachteile des Global Sourcing

Trotz aller Nachteile ist der Trend zum Global Sourcing derzeit (noch) ungebrochen. Dies belegen die weiter steigenden Exportrekorde, insbesondere für Deutschland. So weisen Trent/Monczka im Jahre 2003 in einer Studie nach, dass durch Global Sourcing die Beschaffungskosten um 15

%, die Total Cost of Ownership um 11 %, die Lieferantenqualität 6 % und die Lieferpünktlichkeit um 3 % im Durchschnitt verbessert wurden. Dem steht nur eine längere Lieferzeit um 5 % gegenüber.

Phase 2:

Schritt 2a: Lieferantenaufbau

Mit dem Abschluss der Phase 1 beginnt nun die Phase 2. D. h. die Zusammenarbeit zwischen Lieferant und Einkauf wird konkret und mit Aufträgen ausgestaltet. Hierbei werden für konkrete zu beschaffenden Güter Pflichtenhefte, technische Zeichnungen und Datenblätter ausgetauscht. Auf dieser Grundlage können nun Angebotsmuster erstellt werden. Zudem ist es möglich, Pflichtenhefte in Entwicklungspartnerschaften auch gemeinsam zu erstellen. Vereinbarte Audits zum Produktionssystem, zum Produktionsprozess oder zum Produkt können nun durchgeführt werden. Ferner sind grundsätzliche Regelungen zu treffen hinsichtlich der Materialbereitstellungsprinzipien, der Wahl von Transportdienstleistern und die Modi der Rechnungsbegleichung.

In dieser Phase findet auch der Aufbau sozialer Beziehungen statt. Die beteiligten Personen, die die Interessen ihres Unternehmens vertreten, lernen sich gegenseitig kennen und lernen, dass auch dabei zwangsläufig Interessenskonflikte entstehen. Auch die unterschiedlichen Führungsstile der handelnden Personen auf der Vertriebs- und Einkaufsseite werden deutlich.

In dieser Phase finden auch die Klärungen auf der rechtlichen Ebene statt. So kann vereinbart werden, ob die Beschaffungsaufträge einzeln vertraglich geregelt werden oder ob jährliche Rahmenverträge oder unbefristete Basisverträge die Grundlage der Zusammenarbeit bilden. Diese Aspekte münden in Vereinbarungen, z. B. den Allgemeinen Einkaufsbedingungen.

Schritt 2b: Lieferantenentwicklung (Lieferantenförderung)

In dieser Phase beginnt die Entwicklung der Zusammenarbeit mit den Lieferanten. Die konkreten Aufträge werden geschrieben, von den Lieferanten ausgeliefert und vom Einkauf bezahlt. Hierbei können dann langfristige oder perspektivische Aufträge eingeleitet werden und die konkrete Ausgestaltung der langfristigen Zusammenarbeit (Investitionen, Verteilung von Zusatzgewinnen) erörtert werden. Anzutreffen sind auch konkrete Maßnahmen, um Lieferanten gezielt zu fördern. Dies kann die Beratung für eine spezielle Fragestellung bei Lieferanten sein (zum Beispiel eine Prozessberatung) oder das Entsenden von Spezialisten auf Zeit oder die Gewährung von Investitionshilfen.

Wichtig hierbei ist, dass die Verpflichtungen gegenüber den Lieferanten aus Sicht des einkaufenden Unternehmens eingehalten werden. Ebenso wichtig ist, dass auch die Verpflichtungen der Lieferanten eingehalten werden. Die Toleranzen bei seltenen oder geringfügigen Abweichungen sollten festgestellt und die Konsequenzen hieraus besprochen werden. So können auf Lieferantentagen unter anderem auch diese Verhaltensweisen konkret erörtert werden. In letzter Zeit ist das Ausloben von Lieferantenawards zu beobachten. Damit macht der Einkauf deutlich, welchen hervorgehobenen Stellenwert der Lieferant für das einkaufende Unternehmen hat und bestätigt damit die besondere Qualität der Lieferantenbeziehung. Auch dies ist ein Mittel der Lieferantenförderung.

Schritt 2c: Lieferantensteuerung

In dieser Phase wird durch das Verhalten des Einkaufs der Lieferant direkt oder indirekt gesteuert. So können mit Rückkopplungen des Einkaufs bezüglich der Leistungen, der angebotenen Preise oder der Toleranzen bei Abweichungen die Maßnahmen und Prozesse bei den Lieferanten gesteuert werden. Dies ist auch durch die Aussprache konkreter Zielsetzungen an die Lieferanten möglich, sofern sich die Ziele innerhalb von Rahmenvereinbarungen bewegen. Somit kann durch diese Form der Lieferantensteuerung eine Weiterentwicklung des kompletten Lieferantennetzwerkes erfolgen, ohne dass bestehende Lieferantenbeziehungen beendet und neue Lieferanten gesucht werden müssen.

Ansonsten erfolgt ein vereinbartes Routinegeschäft zwischen Lieferant und Einkauf: Aufträge, Bestellübermittlungen, Terminverfolgung, Auftragsbearbeitung, Warenübergabe und Rechnungsbegleichung.

Die Steuerung der Lieferantenbeziehung setzt eine bewusste Bewertung der Interaktion zwischen Einkauf und Lieferant voraus (Kontrolle der Lieferbeziehung). Diese Kontrolle geschieht nicht aus Selbstzweck, sondern sie ist Teil der Führungsleistung des Einkaufs: Auf der einen Seite ist der Leistungsstatus jedes Lieferanten regelmäßig zu überprüfen und vom Einkauf zu bewerten. Auf der anderen Seite wird der Risikostatus beurteilt. Damit werden die Qualität und das Haftungsrisiko des einkaufenden Unternehmens betrachtet. Die Vielzahl der Rückrufaktionen (nicht nur im Automobilbereich) gibt ein beredtes Beispiel für den derzeitigen Umfang von Qualitätsmängeln und Haftungsdiskussionen in Lieferketten.

Neben den qualitativen Kontrollen der Lieferbeziehung sind auch Kontrollen (Überprüfungen) zu den sozialen Beziehungen zu den Lieferanten notwendig. Stimmt die Chemie zwischen den Geschäftspartnern nicht, so wird langfristig auch das Warengeschäft in Mitleidenschaft gezogen. Die Kontrolle der sozialen Beziehungen sollte von Seiten des Einkaufs aus einem Eigeninteresse heraus genauso intensiv durchgeführt werden wie die Kontrolle der Lieferungen und der Lieferanten (z. B. Large, 2009, S. 231 ff.).

Die angesprochenen Kontrollschritte erfordern unabhängig vom Gegenstand der Kontrolle ein Zeit- und ein Kostenbudget. Sie erfordern zudem klare Kriterien der Bewertung, die anhand von Sollwerten oder periodischen Entwicklungen verglichen werden können. Sie erfordert zum dritten, dass die Ergebnisse der Kontrolle dokumentiert und den Lieferanten präsentiert werden, damit aus den Ergebnissen der Kontrolle eine Rückkopplung und eine Verbesserung erfolgen kann. Bei fehlender Glaubwürdigkeit der Kontrollergebnisse ist diese im Sinne der Rückkopplungsschleife durch geeignete Maßnahmen herzustellen. Dies kann durch gemeinsam

69

durchgeführte Kontrollen oder unabhängig durchgeführte Kontrollen (externe Auditoren) gewährleistet werden. Das Ziel der Lieferantensteuerung sollte eine Verbesserung der Zusammenarbeit sein und nicht die Begründung des Beendens der Lieferantenbeziehung. Letzteres ist trotzdem manchmal unvermeidlich.

Exkurs: Supplier Awards

Unternehmen bzw. Einkaufsorganisationen nehmen im Rahmen der Lieferantenbeurteilung nicht nur Kontrollbewertungen vor, sondern nutzen dieses Instrument auch zur Motivation der Lieferanten und zur Bindung der Lieferanten an das eigene Unternehmen. Sie loben hierbei die besten Lieferanten für verschiedene Sparten aus und vergeben jährlich sogenannte ‚Supplier Awards'. Diese werden dann selbstverständlich öffentlichkeitswirksam im Rahmen einer Festveranstaltung überreicht und bringen zum Ausdruck, dass der Preisträger (Lieferant) hinsichtlich dieses Kriteriums der beste Lieferant des einkaufenden Unternehmens ist. Damit wird die soziale Bindung gestärkt und die inhaltliche Qualität der Lieferantenleistungen öffentlich bestätigt. Dies ist zugleich auch ein Ansporn für die Nicht-Preisträger, die Leistungsfähigkeit zu verbessern und in den Kreis der Preisträger aufzurücken. Die Berichterstattung der Branchenverbände und die Eingangshallen der Lieferanten zeigen dann einer breiten Öffentlichkeit diese Prämierungen.

Als Beispiele für derartige Supplier Awards können der ‚Daimler Supplier Award' (siehe https://www.bme.de/daimler-praemiert-zehn-lieferanten-mit-supplier-award-1480), der ‚BMW Supplier Innovation Award' (siehe www.press.bmwgroup.com) oder der ‚Volkswagen Group Award' (siehe www.volkswagenag.com) genannt werden.

Schritt 2d: Beenden der Lieferantenbeziehungen

Die letzte Phase im Lebenszyklus der Lieferantenbeziehungen stellt das Beenden der Beziehung dar. Damit findet keine weitere Zusammenarbeit

70

zwischen Lieferant und Einkauf statt. Die Gründe, die diesen Abbruch begründen, sind vielfältiger Natur: die Insolvenz des Lieferanten, die Bereinigung der Lieferantenstruktur, das Vorhandensein besserer Lieferquellen oder ein negativer Beitrag des Lieferanten zum Erfolgspotenzial des Unternehmens. Ebenso kann ein schwerwiegendes Fehlverhalten des Lieferanten zum Abbruch der Beziehung führen.

So gibt es auf der anderen Seite zum Beispiel bei Lieferantenmonopolen auch Hindernisse, die einen Abbruch erschweren bzw. unmöglich machen. Markenhersteller sind in der Regel nicht zu substituieren. Dominierende Rohstofflieferanten oder Gebietsmonopole lassen dem einkaufenden Unternehmen in der Regel auch wenige Alternativen. Ferner kann die spezifische Leistungsfähigkeit eines Lieferanten (spezielle Produktionsfähigkeiten, die Innovationsfähigkeit oder spezielle Leistungsfähigkeiten von Mitarbeitern) auch einen Abbruch der Lieferantenbeziehungen erschweren bzw. unmöglich machen.

Sollten jedoch keine derartigen Hindernisse des Abbruchs bestehen und die Argumente des Abbruchs der Beziehung klar begründet sein, so gilt es aus Sicht des Einkaufs die Beendigung auch im langfristigen Sinne vorzunehmen. Zunächst sind die bestehenden Verträge zu kündigen. Sollte ein Unternehmen oder eine Unternehmensgruppe mehrere Beziehungen zum Einkauf haben, so ist für jede bestehende Beziehung Klarheit zu schaffen. Die Kündigung sollte persönlich erläutert und begründet werden. Eine ergänzende schriftliche Kündigung ist in der Regel aus juristischen Gründen notwendig. Die persönliche Erklärung erleichtert für die Zukunft die mögliche Wiederaufnahme der Lieferantenbeziehungen, sofern hierzu Entwicklungen eingetreten sind. Zudem gilt: „man sieht sich im Leben immer zweimal". Beispielsweise kann der Einkauf durch spezifische Rahmenbedingungen oder Notsituationen (nach Umweltkatastrophen) genötigt sein, ehemalige Lieferanten zwecks Hilfestellung anzusprechen. Oder Mitarbeiter ehemaliger Lieferanten wechseln zu bestehenden Lieferanten und erinnern sich an einen missglückten Versuch der Beendigung einer Lieferantenbeziehung. Unabhängig davon sollten Regelungen zur Ersatzteilversorgung getroffen werden und die noch offenen Rechnungen sind auszugleichen. Damit wären die Lieferantenbeziehungen in allen Aspekten beendet.

c. Das Innere der Lieferantenbeziehungen

In diesem Abschnitt sollen die spezifischen Elemente der Lieferantenbeziehungen erläutert werden. Das Innere der Beziehung ist dabei unabhängig von der Phase im Lebenszyklus. Grundsätzlich sind Lieferanten und Abnehmer aufeinander angewiesen, denn ohne Abnehmer würden Lieferanten nicht existieren und ohne Lieferanten würden die Abnehmer nicht herstellen können. Ferner ist der Gewinn der beteiligten Parteien in der Lieferkette immer zu verteilen und damit immer mit Konflikten beladen. Aus diesem Grunde sind Verhandlungen zwischen Lieferanten und Einkäufern immer vor diesem Hintergrund zu beurteilen. Drittens gibt es keine lebenslange Garantie der Zusammenarbeit zwischen Lieferanten und Abnehmer. Damit prägen grundsätzlich Unsicherheiten über die Zukunft diese Beziehung (z. B. Large, 2009, S. 149 ff.).

Die Beziehung mit Lieferanten weist in der Regel vier Ebenen auf (Large, 2009, S. 154 ff.). Die **wertbezogene** Beziehung stellt das Beschaffungsobjekt als Teil der Wertschöpfung in den Mittelpunkt der Diskussion, welche an den Zieldimensionen erfolgswirtschaftlicher Unternehmen beurteilt wird (zum Beispiel Kosten, Qualität, Zuverlässigkeit, Lieferservice). Diese Ebene bildet die Grundlage der übrigen drei Ebenen. Dies bedeutet jedoch nicht, dass die Lieferantenbeziehung nur aus einer Wertebene besteht. Die **flussbezogene** Beziehung betrachtet die Prozesse zwischen den Lieferanten und dem einkaufenden Unternehmen. Die Logistikflüsse beinhalten die bestellten Güter an das einkaufende Unternehmen; die Finanzflüsse beinhalten die Rechnungsbegleichung an den Lieferanten und die Datenflüsse beinhalten den Nachrichten- und Informationsaustausch zwischen den Beteiligten. Die **rechtliche** Beziehung klärt die Rechte und Pflichten der Beteiligten. Es beschreibt auch welche Beteiligten unter formalen Gesichtspunkten Abschlüsse zwischen Unternehmen tätigen dürfen. Zudem wird auch der Rechtsrahmen zwischen den Beteiligten festgelegt (zum Beispiel Einzel- bzw. Rahmenvertrag oder nationales bzw. internationales Kaufrecht). Die **soziale** Beziehung beschreibt das individuelle oder das gruppenbezogene Verhalten der Beteiligten. Diese

Verhaltensweisen können partnerschaftlich, konkurrierend oder kämpferisch ausgeprägt sein. Die Verhaltensweisen einer Gruppe können arbeitsteilig recht unterschiedlich ausgeprägt sein, zum Beispiel durch einen ‚Bad Guy' und einen ‚Good Guy' in der Gesprächsführung.

Zum Wesen der Lieferantenbeziehungen gehört auch der Prozess des Aufbaus von sozialen Beziehungen. Vor der persönlichen Erstkontaktaufnahme kennen sich beide Gesprächspartner in der Regel nicht. Das persönliche Vorstellen und die persönliche Erläuterung der Gründe der Kontaktaufnahme bedingen einen guten Start des Aufbaus einer Beziehung. Das Ziel sollte es sein, den grundsätzlichen Nutzen, den beide Parteien aus der Beziehung ziehen, deutlich zu machen. Unterschiedliche charakterliche Eigenschaften, wie sie beispielsweise ein Dominator, ein Innovativer oder ein Bewahrer aufweisen, erschweren diesen Prozess. Durch Hinterfragen der jeweiligen Motive und spezifischen Herausforderungen des Gesprächspartners kann die Win-win-Situation allerdings klarer und für beide Seiten verständlicher erklärt werden. Es zeigt sich dann, inwieweit eine überwiegend kritische Diskussion mit Einwänden oder eine überwiegend konstruktive Diskussion mit Hinterfragung das erste Gespräch bzw. die ersten Gespräche prägen. Gute Gesprächsführung fördert den Aufbau von sozialen Beziehungen. Diese garantieren nicht den Erfolg von Lieferantenbeziehungen, doch sie gestatten eine hohe Ausschöpfung der Möglichkeiten aus dieser Beziehung. Im Idealfall werden nach jedem Gespräch Folgeschritte besprochen und vereinbart.

Unabhängig von persönlichen Sympathien lässt sich das Gewicht, das jeder Gesprächspartner in die Beziehung einbringt, anhand der Skala der Macht beschreiben: in der traditionellen Blickrichtung ist der Kunde (sprich der Einkäufer) König, da er der Auftraggeber und der wertschöpfende (bewertende) Teil in der Beziehung ist. Auf der anderen Seite zeigen Beispiele (hier dominieren die Lieferanten), dass auch der Lieferant der König sein kann. Als Beispiele können Kartelle oder Monopollieferanten genannt werden. Ist die Macht zwischen den Beteiligten ausgeglichen, so finden die Verhandlungen unter gleich starken Partnern statt.

Exkurs: Kraljic-Portfolio als Konzept zur Klassifizierung der Macht

Kraljic hat im Jahre 1983 aus einer Controlling- und Risikoperspektive heraus ein Portfolio entwickelt und vorgeschlagen, mit dessen Hilfe die verschiedenen Beziehungen zwischen Lieferanten und Einkäufern beurteilt werden können und mit dessen Hilfe dann effektive Handlungsstrategien entwickelt werden. Kraljic bezieht sich in seinem Beitrag zunächst auf die Bedeutung und das Risiko der Beschaffung von Gütern, doch in seinen Strategieempfehlungen wird sein Portfolio schon als Machtportfolio angewendet. Abbildung 5.4 zeigt den Aufbau der vier Felder dieses Machtportfolios:

- Leverage: Dominanz des Einkaufs
- Strategic: Gegenseitige Abhängigkeit
- Bottleneck: Dominanz des Lieferanten
- Non-Critical: Unabhängigkeit von Einkauf und Lieferant.

Der Beitrag (Portfolio) von Kraljic ist in der Folge u. a. von Cox (2001a, b), von Caniëls/Geldermann (2005) und von Schuh et al. (2008) als Portfolio der Lieferanten- bzw. Einkäufermacht verfeinert worden.

Die Dominanz ergibt sich aus verschiedenen Faktoren (am Beispiel der Einkäufermacht):

- Aus der Anzahl der Akteure, d. h. wenige Einkäufer und viele Lieferanten.
- Lieferanten haben wenige Alternativen und die Einkäufer haben relativ viele Möglichkeiten, Lieferanten zu wählen.
- Transaktionskosten (Wechselkosten zwischen den Lieferanten, Kosten der Suche neuer Lieferanten und Anbahnung der Lieferbeziehung zu neuen Lieferanten) sind für den Einkäufer gering.
- Einkäufer beziehen einen hohen Anteil der Verkaufsvolumina der Lieferanten.
- Standardisiertes Angebot der Lieferanten und geringe kundenspezielle Ausgestaltung der Produkte.

Einkäufer-macht	hoch	Dominanz des Einkäufers (Leverage)	Gegenseitige Abhängigkeit von Einkäufer und Verkäufer (Strategic)
	gering	Unabhängigkeit von Einkäufer und Ver-käufer (Non-Critical)	Dominanz des Verkäufers (Bottleneck)
		gering Lieferantenmacht hoch	

Tabelle 5.4: Das Lieferantenmacht-/ Einkäufermacht-Portfolio (Quelle: in Anlehnung an Kraljic, 1983, S. 114)

Die Unabhängigkeit der beiden Parteien wird durch die jeweilige breite Auswahl und die geringen Wechsel-/Transaktionskosten begründet. Bei der hohen Abhängigkeit der beiden Parteien hingegen sind beide Seiten aufeinander angewiesen: geringe Anzahl der Parteien, hohe Wechselkosten und hohe Transaktionskosten auf beiden Seiten. Die Einkaufs- und Verkaufsvolumina sind für beide Seiten bedeutsam.

Kraljic hat schon im Jahre 1983 Machtstrategien und einen Aktionsfahrplan hierzu entwickelt: (1) konkrete Analyse zur Machtsituation der beiden Parteien erstellen, (2) drei generische Strategien entscheiden (die eigene Macht ausnutzen bzw. ausweichen bei fehlender Macht bzw. die Beziehungen ausbalancieren) und (3) einen Aktionsfahrplan zur Umsetzung entwickeln. Cox (2001a, b) und Caniëls/Geldermann (2005) erweitern diesen rudimentären Ansatz, indem sie weiter ausdifferenzierte Strategien je nach Handlungsfeld vorschlagen: Caniëls und Geldermann unterscheiden hierbei zwischen einer Haltestrategie und einer Entwicklungsstrategie. Cox (2001b) hingegen versucht, durch spezielle Maßnahmen immer eine dominante Position (Leverage) einzunehmen.

Allen Vorschlägen ist gemein, dass sie ihre Handlungsfelder aus der Nettomacht der Beziehung entwickeln und weniger die Marktposition bzw.

die Wertschöpfung der Lieferkette in den Mittelpunkt ihrer Überlegungen stellen. Mit diesen vorgeschlagenen Strategien können letztlich die Beschaffungsprozesse zwischen den Partnern zugunsten einer Seite verändert werden, doch die Marktposition der kompletten Lieferkette wird strategisch nicht thematisiert. Ferner werden die (statistischen) Beziehungen zu Beschaffungsmärkten bei Kraljic analysiert und nicht die zu einzelnen Lieferanten, die innerhalb eines Marktes auch verschieden sein können. Die Beziehungen zu Lieferanten werden zudem nur auf die Macht reduziert und bilden die Vielzahl der Facetten einer Beziehung nicht im Ansatz ab. Es geht nur um ein Powerplay. Besonders kritisch ist zu sehen, dass seine Handlungsempfehlungen das (Aus-)Nutzen von Marktmacht vorsehen und die taktischen Maßnahmen hierzu so allgemeingültig sind, dass diese nicht als spezifische Strategieumsetzungen taugen. Es wird zudem nicht deutlich, welches Ziel mit dieser Methode verfolgt werden soll: Ein Lieferantenstamm nur aus Leverage-Lieferanten scheint angesichts der Marktgegebenheiten nicht praktikabel zu sein. Zudem werden die Prozesse der Umsetzung hinsichtlich Machbarkeit und Effektivität nicht diskutiert. Es ist zu bedenken, dass dieses Spiel auch von der anderen Seite gespielt werden kann. Die alleinige Handlungshoheit, insbesondere bei vorliegender Lieferantenmacht, liegt niemals nur beim Einkäufer.

Auf der anderen Seite wird die Macht zwischen den Partnern damit als zentrales Element der Lieferantenbeziehung herausgestellt. Die Automobilindustrie oder die Großbetriebsformen des Handels liefern hierzu lebende Beispiele dieser ausgeprägten Nettomacht.

Ein verfeinerter Ansatz auf der Grundlage von Kraljic stammt von Schuh et al. (2008). Dieser basiert ebenfalls auf einem Machtportfolio und in Erweiterung zu Kraljic werden insgesamt 64 taktische Maßnahmen in Abhängigkeit der Portfolioposition vorgeschlagen. Insofern greift die gleiche methodische Kritik von Kraljic auch hier. Zudem hat Cox (2015) gezeigt, dass diese 64 Maßnahmen nie nur einer spezifischen Situation zuzuordnen sind, sondern in der Mehrzahl der Fälle allgemeingültig sind: 48 Maßnahmen sind in allen Fällen gültig und 16 Maßnahmen in zwei bzw. drei Situationen.

Soweit zur Diskussion der Macht als spezielle Form in der Lieferanten-beziehung.

d. Lieferantenbewertung

Die Lieferantenbewertung ist die dritte zentrale Aufgabe des Lieferan-tenmanagements. Sie nimmt einen zentralen Stellenwert ein, da sie direk-ten Einfluss auf die Aufnahme von Lieferanten in das Lieferantenportfolio und Einfluss auf die Lieferantenbeziehungen hat. Die Lieferantenbewer-tung umfasst dabei mehr als nur die ‚optimale‘ Auswahl eines Lieferanten. Die Bewertung ist im Allgemeinen mehr als die Einhaltung von Anforde-rungen, auch wenn dieser den Kern jeder Bewertung darstellt.

Die Ziele der Bewertung eines Lieferanten sind selbstverständlich (1) die Überprüfung seiner Leistungsfähigkeit. Auf dieser Grundlage können dann (2) Lieferantenentwicklungen eingeleitet werden. Ergebnisse der Lie-ferantenbewertung und der Lieferantenentwicklung erhöhen (3) die Ak-zeptanz gegenüber Dritten (zum Beispiel den Lieferanten selbst, Verbrau-cherverbänden oder Gerichten) und führen (4) zu unabhängigen und fun-dierten Einschätzungen für ein Corporate Governance (im Gegensatz zu subjektiven Einschätzungen aus dem Bauch heraus).

Die Beurteilung der Lieferanten spiegelt sich immer an der Rolle, die der Lieferant in der Lieferkette des Unternehmens einnimmt. Dies gilt für alle vier oben genannten Gründe und Ziele der Lieferantenbeurteilung. Die Beurteilung der Lieferanten hat damit immer eine strategische und eine operative Dimension. Die **strategische** Dimension bildet dabei die effek-tive Rolle des Lieferanten als Teil der Lieferkettenwertschöpfung ab. Als Ergebnis wird das benötigte Leistungsspektrum des Lieferanten für das einkaufende Unternehmen nutzbar. Dies umfasst nicht nur die qualitative Leistung, sondern kann auch die robuste Lieferfähigkeit o. ä. umfassen. Die **operative** Dimension hingegen bildet die effiziente Rolle des Liefe-ranten in der Lieferkette ab. Als Beispiele können die Prozesseffizienz oder Produktionseffizienz genannt werden. Beide Dimensionen sind im Detail inhaltlich auszugestalten. Dies wird im späteren Verlauf erörtert werden.

Der **Prozess der Bewertung** besteht in der Regel aus zwei Phasen:

Die Phase 1 beinhaltet die Vorbereitung der eigentlichen Durchführung. Hierbei sind die Kriterien bzw. Indikatoren, die Relevanz der Kriterien/Indikatoren, die Ausprägungsmöglichkeiten der Kriterien/Indikatoren und deren Messbarkeit festzulegen. Damit ist im Kern die inhaltliche Vorbereitung zur Durchführung der Lieferantenbewertung abgeschlossen. In der Phase 2 wird dann der Ablauf der Beurteilung organisiert. Es ist das Prüferteam zusammenzustellen und gegebenenfalls zu beauftragen. Es werden anschließend in einem Briefinggespräch mit den Führungskräften des zu beurteilenden Unternehmens die Zielsetzung und der Ablauf erläutert. Danach findet die eigentliche Beurteilung statt, indem das Prüferteam den Status des zu beurteilenden Unternehmens anhand der oben genannten Kriterien/Indikatoren feststellt. Anschließend wird eine Gesamtbeurteilung (finale Note) ermittelt und diese in einem Abschlussgespräch den Verantwortlichen des zu beurteilenden Lieferanten erläutert.

Die zu beurteilenden Gegenstände können verschiedene **Bereiche** des Lieferanten betreffen. Die folgende Auflistung gibt eine Übersicht der möglichen Beurteilungsbereiche. Die Beurteilungen werden hier als **Audit** bezeichnet.

- die Organisation und das Management des Lieferanten (Managementaudit)
- die Produktion (Produktionsaudit oder Qualitätsaudit)
- die Produktionsprozesse (Prozessaudit)
- die Einhaltung von Nachhaltigkeitskriterien (Nachhaltigkeitsaudit, Umweltaudit)
- der Aufbau eines Risikomanagements (Risikoaudit)
- die Einhaltung von Compliancestandards (Complianceaudit)
- die Sicherstellung der Innovationsfähigkeit (Innovationsaudit)
- die Sicherstellung der Robustheit/Resilienz (Robustheitsaudit)

Mit der spezifischen Beurteilung (Auditierung) wird jeweils ein einzelner Aspekt der Leistungsfähigkeit des Lieferanten einer Beurteilung unterzogen. Mit dem Beginn der Globalisierung und dem starken Anstieg der Arbeitsteiligkeit hat nicht nur die räumliche Entfernung zum Lieferanten zugenommen, sondern es hat auch eine kulturelle und soziale Entfernung stattgefunden. Aus diesem Grunde ist es nicht verwunderlich, dass mit dieser distanzierenden Entwicklung der Wunsch/die Notwendigkeit der einkaufenden Unternehmen aufkeimte, ein ‚gutes Gefühl' zur Leistungsfähigkeit der Lieferanten zu haben. Damit sollte die Lieferfähigkeit auf der Lieferantenseite in allen Dimensionen sichergestellt werden. Dieses gute Gefühl wurde durch Audits und Zertifikate dokumentiert. Da nicht jedes Unternehmen seinen eigenen Standard festlegen konnte, wurden internationale oder branchenbezogene Standards entwickelt und auch als Grundlage der Zusammenarbeit mit den Lieferanten gefordert. Diese Standards stellen heute de facto eine weltweit gemeinsame Sprache zwischen Lieferanten und Einkäufern dar.

Die Standards wurden hierbei von der International Organization for Standardization (ISO) vereinheitlichend festgelegt. Diese Normen sind anschließend vom Europäischen Komitee für Normung (CEN) als europäische Norm (EN) übernommen worden und haben Gültigkeit auch für die nationalen Institutionen. Im deutschsprachigen Raum ist dies das Deutsche Institut für Normung (DIN). Die genaue Zitierweise wird am Beispiel der ISO 14001 erläutert.

Folgende **ISO Standards** sind in der Industrie zwischen Einkauf und Lieferant weit verbreitet:

- ISO 9001 (Qualitätsmanagement - Anforderungen)
- ISO 9004 (Qualitätsmanagementsysteme – Leitfaden zur Leistungsverbesserung)
- ISO 16949 (Besondere Anforderungen bei Anwendung von ISO 9001:2000 für die Serien- und Ersatzteilproduktion in der Automobilindustrie)

- ISO 14001 bis 14064 (Umweltaudit) mit der offiziellen Zitierweise DIN EN ISO 14001:2015-11, d. h. das europäische Komitee für Normung hat die ISO 14001 (überarbeitete Fassung der Norm 14000) als europäische Norm (EN) im November 2015 (2015-11) verabschiedet und das Deutsche Institut für Normung (DIN) hat diese Norm unverändert übernommen.

- ISO 21500 (Projektmanagement)

- ISO 26000 (Social Responsibility)

- ISO 31000 (Risikomanagement)

Sollte für den Bewertungsbereich eines Lieferanten keine ISO Norm vorliegen, so hat das Unternehmen entweder einen externen Dienstleister (zum Beispiel den TÜV) zu beauftragen oder selbst ein spezifisches Bewertungsschema zu entwickeln.

6. Risikomanagement und Compliance

a. Risiko und Krise

Das Risikomanagement ist ein Teil des Managementprozesses. Hier werden idealerweise vor dem Hintergrund gegebener externer und interner Rahmenbedingungen und definierter Ziele Entscheidungen getroffen und umgesetzt, um bestimmte Ergebnisse zu erzielen. Doch diese Ergebnisse treten aufgrund von Änderungen nicht ein. Diese Abweichung der Ergebnisse wird als **Risiko** definiert. Das Risiko ist die Gefahr, eine Ergebnisabweichung (einen Schaden oder einen Verlust) zu erleiden. Das Risikomanagement umfasst die Gesamtheit aller Maßnahmen, um

- zum einen potentielle Risiken zu erkennen und zu bewerten und
- zum anderen bereits bekannte Risiken mit geeigneten Strategien und Maßnahmen zu beherrschen oder zu begrenzen.

Das Risiko ist damit ein Maß für die Unsicherheit des Eintritts von Prognosen und Planungen. Es grenzt sich gegenüber der **Krise** ab, da die Krise schon eingetretene negative Zustände beschreibt. So steht dem unerwarteten Eintritt eines ungeplanten Ereignisses (Risiko) der Zustand mit unbefriedigender bzw. unzureichender Zielerreichung (Krise) gegenüber.

An **Ursachen** für Risiken können unternehmensinterne (endogene) und unternehmensexterne (exogene) Ursachen unterschieden werden:

(1) Endogene Ursachen: Hierzu zählen insbesondere Managementschwächen (zum Beispiel die Verdrängung von Risiken oder eine mangelnde Risikoausbildung), Managementfehler (zum Beispiel die unzureichende Beschäftigung mit dem Risiko). Das fehlende Risikomanagement ist eines der größten Risikoursachen an sich.

(2) Exogene Ursachen: Hier können Ursachen im unternehmensspezifischen Umfeld (zum Beispiel Wettbewerber, Kunden, Lieferanten) und Ursachen im globalen Umfeld (zum Beispiel technologischer Wandel, Umweltkatastrophen, geänderte rechtliche Rahmenbedingungen oder gesellschaftliche Entwicklungen) genannt werden.

Vor diesem Hintergrund kann jede Aktivität eines Unternehmens eine Vielzahl an Risiken enthalten. Aus diesem Grund ist eine Vielzahl an Gliederungsmöglichkeiten von Risiken in der Literatur zu finden. Auf diese wird im späteren Verlauf noch eingegangen.

Folgendes Beispiel soll zunächst die Vielzahl von Risiken anhand einer Einkaufsentscheidung verdeutlichen: Es wird im August die Entscheidung getroffen, für den April nächsten Jahres benötige Waren bei einem chinesischen Lieferanten in $ mit dem Liefertermin ex Hongkong FOB zu bestellen. Diese sollen Mitte Januar mit dem Containerschiff von Hongkong nach Hamburg und ab Hamburg mit dem Lkw von Hamburg nach Hof transportiert werden. Nach dem geplanten Eintreffen Ende März in Hof ist dann eine Pufferzeit von vier Wochen vorgesehen, um den weiteren Einsatz im Unternehmen ab Ende April sicherzustellen.

Dieses Beispiel enthält u. a. Risiken bezüglich der Vorlaufzeit, der Bearbeitung, der Währung des Transportes, der Lagerung und der Witterung. An Schadensmerkmalen kann u. a. die Verteuerung der Ware, die Beschädigung der Ware, der Verlust der Ware, die Unterbrechung des Transportes oder Einschränkungen des Einsatzes im eigenen Unternehmen auftreten.

b. Gesetzliche Grundlage zum Risikomanagement

Der deutsche Gesetzgeber hat vor diesem Hintergrund eine Reihe an Gesetzen erlassen, damit die Geschäftsführung eines Unternehmens ein aktives Risikomanagement betreibt:

- § 91 II AktG: Der Vorstand hat geeignete Maßnahmen zu treffen, insbesondere ein Überwachungssystem einzurichten, damit den Fortbestand der Gesellschaft gefährdende Entwicklungen früh erkannt werden.

- § 289 I HGB: Ferner ist im Lagebericht die voraussichtliche Entwicklung mit ihren wesentlichen Chancen und Risiken zu beurteilen und zu erläutern.

- Deutscher Corporate Governance Kodex im Punkt 4.1.4: Der Vorstand sorgt für ein angemessenes Risikomanagement und Risikocontrolling im Unternehmen.

- Der deutsche Rechnungslegungsstandard Nr. 5 (DRS 5) definiert in den einzelnen Abschnitten die Darstellung des Risikomanagementsystems (5.28/29), die Definition der Risikokategorien (5.16), die Beschreibung der Risiken (5.18), die Quantifizierung der Risiken (5.20), die Beschreibung der Bewältigungsmaßnahmen (5.21) und die Gliederung der Risiken (DRS 20).

- Es wird zudem das in der Section 404 des Sarbanes-Oxley Act (SOX) der USA geforderte interne Kontrollsystem und deren Dokumentation als Teil des Risikomanagementsystems interpretiert.

In den Anhängen der Geschäftsberichte der Unternehmen findet sich dann im Lagebericht ein separates Kapitel zum Chancen- und Risikomanagement des Unternehmens.

c. Phasen des Risikomanagements

Der Aufbau des Risikomanagements ist im Standard ISO 31000:2009 festgelegt und beschrieben. Im Standard ISO 31010 werden ergänzend 30 Methoden (beispielsweise Checklisten, Szenarioanalysen, Ursache-/Wirkungsanalysen oder Failure Mode Effect Analysis) der Risikobeurteilung aufgeführt und erläutert (ISACA/RMA, 2014).

Das Risikomanagement wird demzufolge in **vier Phasen** eingeteilt:

- Phase 1: Risikoidentifizierung

- Phase 2: Risikobewertung

- Phase 3: Risikosteuerung

- Phase 4: Risikoüberwachung

In der ersten Phase (**Risikoidentifizierung**) wird eine Übersicht der Risikoarten in Form einer Liste erstellt. Die Darstellung der Risiken ist hinsichtlich ihrer Entwicklung, ihrer Ursachen und ihrer Auswirkungen (hier für den Einkauf) vorzunehmen. Anschließend erfolgt die **Bewertung** der einzelnen Risiken hinsichtlich der möglichen Schadenshöhe (inklusive der Folgeschäden) und der Feststellung der Eintrittswahrscheinlichkeit. Damit gibt das Risiko einen Erwartungswert hinsichtlich des möglichen Schadens an. Die Darstellung erfolgt hierbei überwiegend anhand eines Risikoportfolios, das die beiden genannten Bewertungsachsen Wahrscheinlichkeit und Schadenshöhe enthält und in der Regel eine farbliche Kennzeichnung von grün (geringes Risiko mit geringer Eintrittswahrscheinlichkeit und geringem Schaden) bis rot (hohes Risiko mit hoher Eintrittswahrscheinlichkeit und hohem Schaden) bzw. dunkelrot (katastrophales Risiko mit sehr hoher Wahrscheinlichkeit und katastrophalen Konsequenzen) enthält.

In der Phase 3 (**Risikosteuerung**) stehen die vier Maßnahmen:

- der Risikovermeidung
- der Risikoverminderung
- des Risikotransfers
- der Risikoakzeptanz

zur Verfügung. Die ersten drei Maßnahmen sind aktive Maßnahmen. Die Risikoakzeptanz wird als passive Maßnahme bezeichnet.

Es wird nun für alle identifizierten und bewerteten Risiken eine Entscheidung getroffen. Dabei entspricht die farbliche Reihenfolge von Rot nach Grün in der Regel auch die Abstufung von Vermeidung über Verminderung über Transfer bis Akzeptanz. Der Einsatz und die Entscheidung der jeweiligen Maßnahmen sind dabei abhängig vom Grad der Risikoaversion der Entscheidungsträger und der Risikokultur des jeweiligen Unternehmens. Die Zuordnung von Risiko und Maßnahme ist die Entscheidung der einzelnen Verantwortlichen des Unternehmens. In der abschließenden Phase (**Risikokontrolle**) werden die Verantwortlichen des Risikomanagements, der Einsatz der Methode der Überwachung, die Dokumentation der Maßnahmen und die Dokumentation der Ergebnisse vorgenommen. Damit ist es möglich, aus den Ergebnissen der Risikosteuerung zu lernen und für Folgeentscheidungen dieses Know-how einzusetzen.

Trotz dieses organisierten Prozesses des Risikomanagements sollten sich die Verantwortlichen immer bewusst sein, dass „**Schwarze Schwäne**" immer auftreten können (Taleb, 2008). So war beispielsweise angesichts der Hochwasser in Süddeutschland der letzten Jahre erst von Jahrhundert-Hochwasser und später sogar von Jahrtausend-Hochwasser die Rede. Auch Tschernobyl, Fukushima oder der isländische Vulkan Eyjafjallajökull können als Beispiele für Schwarze Schwäne angeführt werden. Das scheinbar Unmögliche ist in unserer heutigen Zeit scheinbar möglich. Damit sollten, ungeachtet der gesetzlichen Anforderungen, das Risikomanagement ein selbstverständlicher Teil der Unternehmensführung und ein selbstverständlicher Teil des Einkaufsmanagements sein.

Als Literaturtipp zum Risikomanagement wird Gabath (2010, Kapitel 3) oder Schulte (2013, Kapitel 13), der eine gute methodische Übersicht enthält, empfohlen.

d. Grundlage zum Compliance

Mit dem Begriff Compliance wird die Einhaltung von gesetzlichen Bestimmungen und regulatorischer Standards beschrieben. Die Überwachung der oben genannten Bestimmungen erfolgt im Rahmen der ordnungsmäßigen Unternehmensführung (Kontrollpflicht der Geschäftsführung) und ist damit Teil des Corporate Governance.

Die Verantwortung der Geschäftsleitung, deren Sorgfaltspflicht und deren Verletzung der Aufsichtspflicht sind in den §§ 76 I AktG, 93 AktG bzw. § 43 GmbHG und § 130 OWiG geregelt. Im Deutschen Corporate Governance Kodex heißt es unter 4.1.3: „Der Vorstand hat für die Einhaltung der gesetzlichen Bestimmungen und der unternehmensinternen Richtlinien zu sorgen und wirkt auf deren Beachtung durch die Konzernunternehmen hin (Compliance)."

Diese Vorschriften haben insbesondere für den Einkauf eine besonders hohe Bedeutung. Diese resultiert aus den hohen Finanzflüssen des Einkaufs an die Lieferanten, die Tätigkeit des Einkaufs außerhalb des überwachten Betriebsgeländes des Unternehmens, der Vertraulichkeit der Gesprächsinhalte und ggfs. der Gültigkeit unterschiedlicher nationaler Rechte. So hat der Einkauf in der heutigen Zeit nicht nur die Einhaltung der Gesetze in der Abwicklung seiner Aktivitäten mit seinem Lieferanten zu beachten, sondern ist über einzelne Gesetze auch verantwortlich für die Einhaltung dieser Gesetze in der kompletten Supply Chain. Durch die globale Arbeitsteiligkeit und die globalen Vertriebsaktivitäten kann der Einkauf sich diesen Regelungen nicht entziehen und es sind im Rahmen des Corporate Governance die organisatorischen Voraussetzungen für den Einkauf hierzu zu schaffen.

Die aktuelle Diskussion zum Compliance bezieht sich bezüglich der zu beachtenden Regeln im Wesentlichen für die im **United Nations Global Compact** beschriebenen zehn Prinzipien zu den Menschenrechten, den Arbeitsnormen, dem Umweltschutz und der Korruptionsbekämpfung. Der aktuelle Stand des Global Slavery Index von 2016, des Environmental Performance Index von 2016 oder des Corruption Perceptions Index von 2015 zeigt länderweise den bestehenden weltweiten Handlungsbedarf auf. Die vollständige Liste der internationalen und nationalen Einzelvereinbarungen zu den genannten Punkten ist hingegen sehr viel umfangreicher.

Notwendig für ein effektives und effizientes Compliancemanagement ist der Aufbau eines Compliance Management Systems, so wie er im Institut der deutschen Wirtschaftsprüfer mit dem Prüfstandard 980 (IDW PS 980) oder in der Konzeption des TÜV Rheinland (TR CMS 101:2011) beschrieben ist. Es enthält folgende Elemente:

- Ressourcen zum Aufbau einer Compliance-Organisation
- Durchführung von Compliance-Schulungen
- Festlegung von Compliance-Zielen und deren Messkriterien
- Analyse von Compliance-Risiken
- Maßnahmen zur Reduzierung/Vermeidung der Risiken
- Aufbau einer Kommunikation mit Mitarbeitern und Stakeholdern
- Kontrolle zur Überwachung der Wirksamkeit der Maßnahmen

- Aufbau einer Compliance Kultur (Compliance als selbstverständlicher Unternehmenswert)

Angesichts der Herausforderungen ist es nicht verwunderlich, dass der Branchenverband der Einkäufer (BME) und die Branchenverbände beispielsweise der elektronischen Industrie (Electronic Industry Citizenship Coalition, EICC), der chemischen Industrie (Together for Sustainability, TfS) oder die Vereinigung für Palmöl (Roundtable on Sustainable Palm Oil, RSPO) konkrete Initiativen zum Code of Conduct und zum Compliance erarbeitet haben.

Im Folgenden wird anhand zweier aktueller Beispiele die Diskussion der Complianceregelungen insbesondere hinsichtlich von Entscheidungen im globalen Einkaufsmanagement vorgenommen:

- Bezüglich des Einsatzes von Konfliktmineralien (zum Beispiel Gold) als Produktionsmaterial gilt insbesondere der Section 1502 des US Dodd-Frank Wall Street Reform and Consumer Protection Act von 2010. Unternehmen, die an der US-Börse gelistet sind, haben in ihren jährlichen Bericht an die Börsenaufsicht darzulegen, ob in ihren Produkten Konfliktmineralien eingesetzt werden. In diesen Fällen ist offen zu legen, ob diese Mineralien aus der DR Kongo oder deren Nachbarländern stammen. Für diesen Fall hat das Unternehmen zusätzlich einen unabhängig auditierten Conflict Mineral Report zu erstellen. Der politische Druck hat diese Transparenz und die Vermeidung von Konfliktmineralien faktisch erzwungen. Die offiziellen Homepages der Unternehmen der Industrie (z. B. Sony, Apple) dokumentieren die Einhaltung und den Zeitbedarf zur Umsetzung dieser Regelung.

- Bezüglich der Einhaltung der Menschenrechte und Arbeitspraktiken sind der US California Transparency in Supply Chains Act von 2010 oder der UK Modern Slavery Act von 2015 zu beachten. So fordert das enger gefasste UK Gesetz, dass die Geschäftsleitung verpflichtend eine Erklärung zum Geschäftsmodell und der Beschreibung der kompletten Supply Chain abgibt. Dabei sind die Unternehmensregeln zur modernen Sklavenarbeit, das eingesetzte Bewertungsmodell (ein-

87

schließlich der KPIs) zu den Risiken von Sklavenarbeit, die eingeleiteten Maßnahmen und deren Wirksamkeit und interne Trainingsmaßnahmen zur Verhinderung von Sklavenarbeit auf der Homepage zu erläutern. Mit der Gültigkeit dieses Gesetzes wurde durch das Business & Human Rights Resource Center (BHRRC) hierzu eine zentrale Datenbank eingerichtet. Erste Auswertungen (z. B. von Ergon Associates) hierzu machen den Handlungsbedarf nach 12 Monaten in formaler und inhaltlicher Hinsicht deutlich, indem die formalen und inhaltlichen Defizite zur korrekten Einhaltung des Gesetzes „nachzuarbeiten" sind.

Die Nichteinhaltung von Complianceregeln ist ein ernstzunehmender Risikofaktor eines Unternehmens. Eine Studie von PriceWaterhouse-Coopers aus dem Jahre 2013 (PwC, 2013) zeigt Fortschritte und dennoch Handlungsbedarf beim Aufbau von Compliance-Organisationen und der Umsetzung von Compliance-Programmen. Dabei sollte beim Aufbau einer Compliance-Organisation nicht nur die Vermeidung von Schäden (persönliche Haftung oder Reputationsschaden) oder die Kosten der Überwachung betrachtet werden, sondern auch die Sicherheit der Geschäftsprozesse (zum Beispiel bei Cyberattacken), die bessere Orientierung für Mitarbeiter und die Chancen einer exzellenten Reputation in der Öffentlichkeit/bei Stakeholdern (im Vergleich zum Nicht-Compliancefall). Aktuell durchleben einzelne große Unternehmen den Prozess eines eingetretenen Compliancerisikos.

e. Risiko, Compliance und Krise

Das Begriffsdreieck aus Risiko, Compliance und Krise wirkt wie ein sich selbst verstärkender Kreisel: Fehlendes Compliance wird zum Risiko und im Schadensfall zur Krise. Die aktuellen Beispiele zeigen die Konsequenzen eines fehlenden Risikomanagements bezüglich Compliance. Umso unbeschadeter können die Unternehmen agieren, die diese Hausaufgaben gemacht haben. Ein ganz wesentlicher Faktor hierbei ist, dass dann die Managementaufmerksamkeit und die Energie aller Mitarbeiter sich auf den Wettbewerb und den Kunden richten kann und sich nicht in internen Rechtfertigungen, internen Analysen und Analysen für die Aufsichtsbehörden erschöpft. Ein Blick auf die Tätigkeiten der betroffenen Unternehmen zeigt die Konsequenzen dieses Risiko-Compliance-Krise-Kreisels.

f. Ergänzende Literaturhinweise

Den interessierten Lesern wird das Credo von Johnson & Johnson aus dem Jahre 1943 empfohlen (zu finden bei http://www.jnjgermany.de/ueber-uns/werte.html). Der selbstkritische Umgang von Johnson & Johnson mit diesen Werten ist im letzten Corporate Social Responsibility Bericht von Johnson & Johnson des Jahres 2015 auf den Seiten 66 und 67 nachzulesen.

Als ergänzende Lektüre zu den Gründen, warum global ethische Regeln nicht ausreichend sind und durch gesetzliche Regelungen ersetzt werden sollten, wird die Bienenfabel von Bernard Mandeville aus dem Jahre 1714 empfohlen.

7. Zum guten Schluss

Zum guten Schluss werden zwei weiterführende Aussagen zu den Grundfragen des Einkaufsmanagements gemacht:

Mit der **ersten Aussage** wird ein bekannter Titel einer Veröffentlichung in Erinnerung gerufen: „Procurement: The Last Best Place for Results Improvement" von A.T. Kearney (2013). Die klare Botschaft lautet, dass mitarbeiterbezogene und sachliche Investitionen in den Einkauf/in das Einkaufsmanagement lohnend sind und nicht nur unter Kostengesichtspunkten beurteilt werden sollten. D. h. der Einkauf trägt maßgeblich zur Wertschöpfung des Unternehmens bei.

Die **zweite Aussage** ist in eigener Sache und gibt einen Ausblick auf die Folgearbeit mit dem Titel „Spezialfragen des Einkaufsmanagements". Hier werden weitergehende spezielle Fragenstellungen des Einkaufsmanagements beleuchtet, u. a. auch Konzepte der Einkaufsstrategie und des Einkaufscontrollings.

90

8. Literaturverzeichnis

Abele, T: (2005): Die Automobilindustrie im Jahre 2015 – Konsequenzen und Handlungsfelder auf dem Weg zum Best-in-Class Zulieferer, 10. ArGeZ-Zuliefererforum „Zukunftschancen Globalisierung" am 01.02.2005 in Bad Homburg

Appelfeller, W.; Buchholz, W. (2011): Supplier Relationship Management, 2. Aufl., Wiesbaden 2011

Arnold, U. (1997): Beschaffungsmanagement, Stuttgart 1997

A.T. Kearney (2008): Assessment of Excellence in Procurement. How Leading Companies Are Achieving Competitive Advantage through Procurement Excellence, Dezember 2008

A.T. Kearney (2011): Follow the Procurement Leaders: Seven Ways to Lasting Results. A.T. Kearney's 2011 Assessment of Excellence in Procurement Study, 2011

A.T. Kearney (2013): Procurement: The Last Best Place for Results Improvement, 2013

A.T. Kearney (2014): Procurement 2020[+]. 10 Mega-Trends, die den Einkauf verändern werden, Düsseldorf 2014

BPB (2016) Bundeszentrale für politische Bildung: www.bpb.de/nachschlagen/zahlen-und-fakten/globalisierung/52499/transport-und-kommunikation (Abruf: 17.11.2016)

Caniëls, M.; Gelderman, C. (2005): Purchasing Strategies in the Kraljic Matrix – A Power and Dependence Perspective, in: Journal of Purchasing & Supply Management, Vol. 11, 2005, S. 141-155

Cammish, R.; Keough, M. (1991): A Strategic Role for Purchsing, in: McKinsey Quarterly, No. 3, 1991, S. 22-39

Cavinato, J. (1992): A Total Cost/Value Model for Supply Chain Competitiveness, in: Journal of Business Logistics, Vol. 13, Iss. 2, 1992, S. 285-301

Coase, R.H. (1937): The Nature of the Firm, in: Economia, Vol. 4, No. 16, 1937, S. 386-405

Cox, A. (2001a): Understanding Buyer and Supplier Power, in: Journal of Supply Chain Management, Vol. 37, Iss. 1, 2001, S. 8-15

Cox, A. (2001b): Managing with Power: Strategies for Improving Value Appropriation from Supplier Relationships, in: Journal of Supply Chain Management, Vol. 37, Iss. 2, 2001, S. 42-47

Cox, A. (2015): Power Positioning & Sourcing Portfolio Analysis: Technique for Effective Category Management & Strategic Sourcing, International Institute for Advanced Purchasing & Supply, White Paper 15/2, 2015, (www.iiaps.org)

Darr, W. (1992): Integrierte Marketing-Logistik, Wiesbaden 1992

Darr, W. (2013): Sieben Blickrichtungen der Logistik, Hofer Akademische Schriften, Band 11 der Reihe Einkauf und Logistik, Hrsg.: W. Darr, F. Lender, Hof 2013

Darr, W. (2017): Betriebswirtschaftliche Konzepte im Lichte der Rationalität, Hofer Akademische Schriften, Band 13 der Reihe Einkauf und Logistik, Hrsg.: W. Darr, F. Lender, Hamburg 2017

Deloitte (2014): Umbruch in der Automobilzuliefererindustrie. Standortoptimierung und Sourcing, o.O. 2014

Gabath, C. (2010): Risiko- und Krisenmanagement im Einkauf, Wiesbaden 2010

Halley, A.; Nollet, J.; Hardy, G.; Chiurciu, R.-M. (2006): Power Relationships and Their Impact on Competency Development, in: Supply Chain Forum: An International Journal, Vol. 7, Iss. 2, 2006, S. 4-14

Hug, W.; Weber, J. (2011): Wertetreiber Einkauf. Wertehebel im Einkauf als Controllingaufgabe, Weinheim 2011

IGC (2013): Controller-Leitbild der International Group of Controlling, St. Gallen 2013, www.igc-controlling.org/fileadmin/pdf/controller-de-2013.pdf (Abruf: 17.11.2016)

ISACA/RMA (2014): Leitfaden ISO 31000 in der IT, Hrsg. von ISACA Germany Chapter e.V. und Risk Management Association e.V., 2014

Jarillo, J. (1988): On Strategic Networks, in: Strategic Management Journal, Vol. 9, Iss. 1, 1988, S. 31-41

Johnson, P.; Leenders, M.; Flynn, A. (2011): Purchasing and Supply Management, 14th edition, McGraw Hill International Edition 2011

Kerkhoff, G. (2011a): Milliardengrab Einkauf, Weinheim 2011

Kerkhoff (2011b): www.kerkhoff-consulting.de/de/presse/pressespiegel/news-aus-einkauf-und-beschaffung/einkaeufer-stehen-in-zweiter-reihe-eine-aktuelle-studie-bei-deutschen-maschinenbauern/13fd0a0f2b.html?tx_ttnews[backPid]=42,(Abruf: 17.11.2016)

Kraljic, P. (1983): Purchasing Must Become Supply Management, in: Harvard Business Review, Vol. 61, Iss. 5, September-October 1983, S. 109-117

Krampf, P. (2014): Beschaffungsmanagement, 2. Aufl., München 2014

Large, R. (2009): Strategisches Beschaffungsmanagement: Eine praxisorientierte Einführung, 4. Aufl., Wiesbaden 2009

Lysons, K; Farrington, B. (2012): Purchasing and Supply Chain Management, Pearson Education, London 2012

Makowski, T.; Walter, F. (2015): Supply Value Management – A Benchmarking Study and a New Theoretical Approach Show that Procurement in the Chemical, Pharmaceutical and Healthcare Industry Has Only Average Performance, in: Journal of Business Chemistry, Vol. 12, Iss. 1, 2015, S.17-30

Mintzberg, H.; Ahlstrand, B.; Lampel, J. (2007): Strategy Safari. Eine Reise durch die Wildnis des strategischen Managements, Heidelberg 2007

Oliver Wyman (2013): Automotive Manager 1/2013: Trends, Opportunities and Solutions Along The Entire Value Chain, 2013

Ouchi, W. (1979): A Conceptual Framework for the Design of Organizational Control Mechanisms, in: Management Science, Vol. 25, Iss. 9, 1979, S. 833-848

Pazirandeh, A. (2014): Purchasing Power and Purchasing Strategies, Diss. Lund 2014

Porsche Consulting (2012): Studie „Lean Management im Einkauf 2012". Entwicklungsgrad und Potenziale deutscher Einkaufsorganisationen. Bietigheim-Bissingen 2012

Porter, M. (1980): Competitive Strategy. Techniques for Analyzing Industries and Competitors, New York 1980

PwC (2013): Wirtschaftskriminalität und Unternehmenskultur 2013, Frankfurt 2013

Sartor, M. et al. (2014): International Purchasing Offices: Literature Review and Research Directions, in: Journal of Purchasing and Supply Management. Vol. 20, Iss. 1, 2014, S. 1-17

Scheuss, R. (2008): Handbuch der Strategien: 220 Konzepte der weltbesten Vordenker, Frankfurt am Main, New York 2008

Scholz, Chr.; Stein, V. (2013): Interkulturelle Wettbewerbsstrategien, Göttingen 2013

Schuh, C.; Kromoser, R.; Strohmer, M. F.; Pérez, R.R., Triplat, A. (2008): The Purchasing Chessboard: 64 Methods to Reduce Cost and Increase Value with Suppliers, Springer, New York 2008

Schulte, Chr. (2013): Logistik: Wege zur Optimierung der Supply Chain, 6. Aufl., München 2013

Schumacher, S.; Schiele, H.; Contzen, M.; Zachau, Th.. (2008): Die 3 Faktoren des Einkaufs, Weinheim 2008

Schweiger, J. (2015): Development of a Purchasing and Supply Management Maturity Framework, in: Operations and Supply Management, Vol. 8, Iss. 1, 2015, S. 11-21

Statista (2016): Wertschöpfungsanteil der Automobilzulieferer am weltweiten Automobilbau in den Jahren 1985 bis 2015: de.statista.com/statistik/daten/studie/162996/umfrage/wertschoepfungs-anteil-der-automobilzulieferer-am-automobilbau-weltweit/ (Abruf: 17.11.2016)

Statistisches Bundesamt (2016): Produzierendes Gewerbe. Kostenstruktur der Unternehmen des Verarbeitenden Gewerbes sowie des Bergbaus und der Gewinnung von Steinen und Erden 2014, Wiesbaden 2016

Stölzle, W.; Heusler, K.; Karrer, M. (2004): Erfolgsfaktor Bestandsmanagement, Zürich 2004

Taleb, N. N. (2008): Der Schwarze Schwan. Die Macht höchst unwahrscheinlicher Ereignisse, München 2008

Trent, R.; Monczka, R. (2003): Understanding Integrated Global Sourcing, in: International Journal of Physical Distribution & Logistics Management, Vol. 33, Iss. 7, 2003, S. 606-629 van Weele, A. J. (2014): Purchasing and Supply Chain Management: Analysis, Strategy, Planning & Practice, 6th edition, Cengage Learning, EMEA 2014

van Weele, A.J.; Eßig, M. (2017): Strategische Beschaffung. Grundlagen, Planung und Umsetzung eines integrierten Supply Managements, Wiesbaden 2017

Williamson, O. E. (1975): Markets and Hierarchies. Analysis and Antitrust Implications, New York 1975

Internetquellen:

Corruption Perceptions Index: www.transparency.org (Abruf: 17.11.2016)

Environmental Performance Index: www.epi.yale.edu (Abruf: 17.11.2016)

Global Slavery Index: www.globalslaveryindx.org (Abruf: 17.11.2016)

Institut der deutschen Wirtschaftsprüfer mit dem Prüfstandard 980 (IDW PS 980): www.idw.de (Abruf: 17.11.2016)

TÜV Rheinland Standard für Compliance Management Systeme (TR CMS 101:2015): www.tuv.com (Abruf: 17.11.2016)

* * *

Druck:
Customized Business Services GmbH
im Auftrag der
KNV Zeitfracht GmbH
Ein Unternehmen der Zeitfracht - Gruppe
Ferdinand-Jühlke-Str. 7
99095 Erfurt